W0062897

insel taschenbuch 4750
Mechthild Grossmann & Dorothea Wagner
Besser spät als nie

Wie fühlt es sich eigentlich an, alt zu sein? Mechthild Grossmann ist fast 80 und genießt es. In diesem Buch erzählt sie von den großen und kleinen Momenten des Altwerdens. Von den wundervollen Freiheiten genauso wie von dem Phänomen, dass Bekannte plötzlich nur noch über ihre Krankheiten reden wollen – und nicht mehr über gute Bücher oder Filme.

Sie erklärt, was gegen das blöde Bauchgefühl an Sonntagabenden hilft, was sie nach dem Tod eines Freundes tröstet, wie das mit dem Sex und der Liebe ist und wie sehr sie es genießt, plötzlich in aller Ruhe im Bett frühstücken und einen Nachmittag in Jogginghose bleiben zu können. Humorvoll und warmherzig schildert sie, warum das Alter einem nicht Angst machen muss – sondern genau genommen die beste Zeit des Lebens ist.

Mechthild Grossmann kümmerte sie sich früher darum, ihren Kindern einen warmherzigen Blick auf die Welt mitzugeben. Nun lebt sie allein in einer kleinen Wohnung und kann sich seitdem vorstellen, wie sich Studenten wohl fühlen – besonders, wenn sie einen Vormittag mit Kaffee und einem guten Buch verbringt.

Dorothea Wagner, Jahrgang 1990, ist die Enkelin von Mechthild Grossmann. Sie besuchte die Deutsche Journalistenschule in München und arbeitet als Online- und Social-Media-Redakteurin beim Süddeutsche Zeitung Magazin in München. Für die Kolumne »Senior Editor« und dieses Buch protokolliert sie die Gedanken ihrer Großmutter zu den kleinen und großen Momenten des Altwerdens.

MECHTHILD GROSSMANN
DOROTHEA WAGNER

Besser spät als nie

EINE LIEBESERKLÄRUNG AN DAS ALTER

Insel Verlag

Erste Auflage 2019
insel taschenbuch 4750
Originalausgabe
© Insel Verlag Berlin 2019
Vertrieb durch den Suhrkamp Taschenbuch Verlag
Umschlag: zero-media.net, München
Umschlagabbildung: Nishan Choksi, Hove
Druck: CPI – Ebner & Spiegel, Ulm
Printed in Germany
ISBN 978-3-458-36450-4

INHALT

Huch, ich bin ja alt!

ÜBER DIE FRAGE, OB EINEM DAS ALTER ANGST MACHEN MUSS

Ich arbeite ehrenamtlich in einem kleinen Laden. Vor kurzem wollte ich im Lager gründlich Staub wischen und stieg auf eine kleine Leiter. Ein anderer Mitarbeiter rannte auf mich zu: »Frau Grossmann, Achtung, Sie könnten stürzen.« Ich weiß, wie man schauen muss, um junge Menschen einzuschüchtern. Ich habe drei Kinder, sechs Enkel und einen Urenkel. Also fixierte ich den Mann mit genau diesem Blick und sagte betont langsam: »Danke auch. Ich bin noch keine 100 Jahre alt.«

Der Arme wird es nicht böse gemeint haben. Aber ich muss mich sogar mit meinen fast 80 Jahren daran gewöhnen, dass andere Leute mich anschauen und denken: Das ist eine alte, gebrechliche Frau. Denn ich selbst vergesse ständig, dass ich alt geworden bin. Außer wenn ich in der Nähe eines Spiegels bin. Dann sehe ich die Falten.

Ich habe immer damit gerechnet, mich bald alt zu fühlen. Als ich eine junge Frau war, dachte ich: Erwachsensein fühlt sich bestimmt ganz anders an. Als ich erwachsen war, dachte ich: Seniorin zu sein fühlt sich bestimmt ganz anders an. Jetzt kann ich sagen: Nein, tut es nicht.

Wenn ich die Augen schließe, fühle ich mich jung. Ich frage mich, ob der Geist, die Seele, oder wie auch immer man das nennen möchte, überhaupt altern kann. Wenn ich denke, redet in meinem Kopf eine Stimme. Sie hat sich nicht mehr verändert, seit ich eine junge Erwachsene war.

Aber mein Leben hat sich natürlich sehr verändert. Alles hat sich verschoben. Ich bin nicht mehr verheiratet, sondern Witwe. Ich bin keine Mutter mit kleinen Kindern mehr, sondern Uromi. Ich habe keinen festen Tagesplan. Ich könnte jeden Vormittag länger im Bett bleiben. Meine Freunde erzählen mir plötzlich nicht mehr normal von ihrem Alltag und von Büchern, die sie gerade gelesen haben, sondern fast nur von Arztbesuchen und Krankheiten. Und ich muss mir ständig, wirklich ständig, die Welt von Jüngeren erklären lassen, wenn ich nicht den Anschluss verlieren will.

Aber das ist nur der eine Teil des Altwerdens. Es hat auch all die schönen kleinen Momente. Zu spüren, dass mein Körper für mein Alter sehr gesund ist, dass ich morgens schwimmen gehen kann zum Beispiel. Und zu erleben, wie herrlich befreiend das Alter sein kann. Ich genieße es sehr, mich nach niemandem mehr richten zu müssen, sondern danach entscheiden zu können, was mir gerade guttut. Her mit der Sahnetorte. Her mit dem Riesling. Her mit dem guten Leben.

Es verlangt Mut, sich nicht vor der Welt zu verschließen, wenn man älter wird. Aber dieser Mut lohnt sich
so sehr. Denn jedes Mal, wenn ich meine Angst vor dem
Alter und den vermeintlichen Folgen überwinde, merke
ich, wie sehr sich die Welt über mich freut, wenn ich
mich nur auf sie einlasse.

Als meine Enkelin anrief und fragte, ob ich mir vorstellen könnte, mit ihr über das Älterwerden zu reden,
darüber, was das wirklich bedeutet, in den großen und
kleinen Momenten, dachte ich genau darüber nach. Dass
ich mich in meinem Kopf doch gar nicht alt fühle. Aber
wie viel sich verändert hat, und ja, dass ich Lust habe,
darüber viel genauer nachzudenken, weil ich mit meiner Enkelin über all diese Gedanken sprechen könnte.
Ich sagte zu.

Ich will die Gedanken über mein Leben entwirren
und ordnen. Ich will über die Einsamkeit nachdenken,
die manchmal in meinen Kopf schwappt, und darüber,
was mir dagegen geholfen hat. Ich will über das Gefühl
sprechen, mit hängender Haut im Badeanzug durchs
Freibad zu laufen. (Spoiler: Auch das ist super, wenn
man es mit der richtigen Einstellung macht. Und ich
gehe nun mal gerne ins Freibad.) Ich möchte mit Vor-
urteilen abrechnen und erklären, warum früher genau
genommen alles schlechter war (Stichworte: Waschma-
schinen, Mode und Erziehung). Und ich möchte über die
Liebe sprechen. Über die Frage, ob ich Sex vermisse und
warum viele Männer in meinem Alter gerne Bratkar-

toffel-Affären hätten. Und darüber, wie ich mir meine neue Liebe vorstelle – mit einem Partner, der weiß, wie man Spülmaschinen einräumt, der meine baumelnde Haut streichelt und mit dem ich über meinen neuen Lieblingsroman diskutieren kann.

Ich weiß, dass das Alter vielen Menschen Angst macht. Sie fürchten sich vor den grauen Haaren, schmerzenden Gelenken und den gähnend leeren Tagen der Rente. Aber wenn ich eine Sache gelernt habe, dann ist es diese: Die beste Phase des Lebens ist im Alter garantiert nicht vorbei. Vielleicht fängt sie da sogar erst an. Denn egal, ob das Knie mal drückt oder nicht: Ich freue mich jeden Morgen nach dem Aufstehen auf den Tag und auf diese große, bunte, schnelle Welt.

Brauche ich das noch?

ÜBER ANSCHAFFUNGEN IM ALTER

Ich träume schon lange von einem dunkelroten Mantel. Es gibt eigentlich eine Faustregel: Wenn man nach einem bestimmten Kleidungsstück sucht, findet man es in keinem Geschäft. Aber in diesem Fall war das anders. Vor kurzem habe ich meine Enkelin in München besucht, da hing er plötzlich. Schnitt, Farbe, alles wie in meinem Kopf. Ein angenehmer Wollstoff, zu kalt für klirrende Minustemperaturen, aber gerade richtig für die ersten Frühlingstage.

Früher hätte ich den Mantel genommen, wäre zur Kasse gelaufen und hätte gezahlt, was immer sie hätten haben wollen. Wie man sich eben verhalten sollte, wenn man seinen Traummantel findet. Heute zögere ich in solchen Momenten. Denn eine Frage beißt sich in meinem Kopf fest: Lohnt sich das?

Ich weiß nicht, an wie vielen warmen Frühlingstagen ich den Mantel tragen kann. Denn das hängt ziemlich eng mit der Frage zusammen, wie viele warme Frühlingstage ich noch erleben werde. Früher kam mir das Leben endlos vor. Jetzt nicht mehr. Die Jahre, die vor mir liegen, schnurren auf eine recht überschaubare Anzahl zusammen.

In einem Buch von François Lelord habe ich einmal einen schönen Vergleich gelesen: Ein Hund lebt etwa 15 Jahre. Wenn man jung ist, kann man den Eindruck haben, sein Leben noch mit vielen Hunden teilen zu können. Aber je älter man wird, desto kleiner und überschaubarer wird auch die Zahl der Hunde, die man bis zu seinem Tod noch besitzen könnte. Bei mir ist vielleicht ein Hundeleben übrig, mehr nicht. Und das muss ich auf die Frage anwenden, wie viele rote Mäntel ich mir kaufen kann. Oder sollte.

Ich ringe besonders mit mir, wenn es um Dinge geht, die nach meinem Tod offensichtlich in einen Müllcontainer oder in die Altkleidersammlung wandern werden. Bei anderen Sachen mache ich mir keine Gedanken. Mein iPad wird nach meinem Tod schon einen Abnehmer finden. Ich habe extra die neuere Version gekauft, sonst ist es veraltet, bis meine Enkel es erben. Handtaschen: freut sich schon jemand drüber. Schmuck: sowieso. Aber Kleidung? Ich bin viel kleiner als die anderen Frauen in meiner Familie, meinen Töchtern würde der rote Mantel vielleicht gerade über die Hüfte reichen.

Das Schlimme ist: Ich stolpere ständig über die Rote-Mantel-Problematik. Ich bin vor dem Tod meines Mannes in eine kleine Wohnung gezogen. Als ich neulich im Wohnzimmer gesaugt habe, fiel mir auf, dass einer der Teppiche viele Fransen zieht. Er ist handgeknüpft und hat eigentlich eine gute Qualität. Aber ich kann ihm die Fransen nicht verübeln, er ist fast so alt wie ich.

Wäre ich jung, wären mir die Fransen egal. Dann bekäme ich Besuch von anderen jungen Menschen, die nicht darauf achten, ob Teppiche Fäden verlieren. Meine Gäste sind aber meistens etwas älter und achten auf den Zustand von Auslegeware.

Ich hatte mein Schicksal fast akzeptiert: Dann muss ich eben für eine schnöde Sache wie einen Teppich noch mal Geld ausgeben. Aber mir kam eine viel bessere Idee. Ich drehte den Teppich einfach um. Die Seite mit den Fransen liegt jetzt unter dem Sofa, wo sie selbst der genaueste Besuch nicht findet. Und die andere Seite des Teppichs, die in den Raum ragt, sieht ordentlich aus.

Die Möbel und den Teppich zu verrücken, war anstrengend. Danach hatte ich eine Pause an der frischen Luft dringend notwendig. Ich lief in den Flur und schlüpfte in den roten Mantel, der dort auf mich wartete.

Ich habe beschlossen, dass in meinem Leben noch etwas Frühling da zu sein hat.

Was ich an Tinder mag

ÜBER MODERNE PARTNERSUCHE

An meinem Esstisch saßen schon viele junge Männer. Erst die Freunde meiner Töchter, dann die meiner
Enkelinnen. Sie waren alle nervös. Ich verstehe das.
Vorstellungsbesuch bei der Familie, da wird die Stimme etwas brüchig. Ich habe ihnen immer Rote Grütze
zum Nachtisch gemacht. Meine Art zu sagen: Ich beiße
nicht.

Ich finde es gut, wie einfach man heute das Leben
mit verschiedenen Partnern ausprobieren kann. Und
dass es leichter ist, sich wieder zu trennen, falls es nicht
passt.

Eine Sache befremdet mich aber an der modernen
Partnersuche: Wieso geht es ständig um das Äußere?
Eine meiner Enkelinnen lebt in München. Als ich sie
das letzte Mal besuchte, zeigte sie mir auf ihrem Han-
dy ein Programm namens »Tinder«, bei dem Bilder von
Singles angezeigt werden. Wenn man den Mann mag,
schiebt man ihn nach rechts, wenn nicht, nach links.
Nur aufgrund des Äußeren.

Wenn ich in meinem doch recht langen Beziehungs-
leben eine Sache gelernt habe, dann: Es geht wirklich
nicht ums Aussehen. Viele Menschen sind in jungen

Jahren schön. Aber alle bekommen Falten und dritte Zähne. Anders ist es mit dem Humor: Wenn jemand als Teenager gute Witze erzählen kann, dann kann er das auch als Rentner. Selbst wenn man nur nach einem Partner für eine Nacht sucht: Auch die ist schöner, wenn man zusammen lachen kann. Sich auszuziehen hat ja ein gewisses Humorpotenzial.

Meine Enkelin meinte, dass es bei Tinder allerdings sehr schnell darum gehe, sich im echten Leben kennenzulernen und dann zu schauen, ob der Charakter passt. Da kann man dann probieren, ob man gemeinsam lachen kann – oder der Abend öde wird.

Ich lebte als Studentin Ende der fünfziger Jahre in einem winzigen Zimmer zur Untermiete in München-Schwabing. Und teilte es mir sogar mit einer Freundin. Herrenbesuch setzte also gute Absprachen voraus. Außerdem konnte man mit einem sicheren Auftritt unserer Vermieterin rechnen. Es gab damals den »Kuppel-Paragraphen«. Hätte meine Vermieterin erlaubt, dass wir als unverheiratete Frauen in ihrer Wohnung mit einem Mann intim geworden wären, hätte sie sich strafbar machen können. Muss man sich mal vorstellen. Hatte eine von uns einen Gast, hämmerte sie also pünktlich um 22 Uhr mit der Faust gegen die Tür und brüllte: »Tun Sie Ihren Herren raus.«

Mich mit Ulli, meinem späteren Ehemann, in privatem Rahmen zu treffen, war nicht leicht. Seine Vermieter waren ein wenig entspannter als meine, er durfte mich einige Male zum Essen nach Hause einladen. Er hatte nur eine einzige Kochplatte, machte darauf aber wundervolle Spaghetti bolognese, mit fein geschnittenen Karotten in der Sauce. Das hat mich nachhaltig beeindruckt. Ein guter Koch bleibt sein Leben lang ein guter Koch, das ist wie mit dem Humor.

Trotzdem hätte ich es schöner gefunden, das Liebesleben ungezwungener ausprobieren zu können. Ich bin so froh, dass sich die Zeiten geändert haben und Vermieter nicht mehr gegen die Tür hämmern. Denn auch wenn Filme wie »Casablanca« das suggerieren mögen: Dieses große, wilde Verliebtsein war in meiner Jugend einfach nicht möglich.

Und auch wenn ich noch viele Portionen Rote Grütze kochen muss: Ich schaue meinen Enkeln gerne dabei zu, wie sie nach dem Glück streben. Ich bin für mehr Casablanca im echten Leben.

Das Geheimnis meiner Badeanzug-Figur

ÜBER DIE SCHÖNHEIT VON FALTEN

Ich kenne meine Falten sehr gut. Ich schaue sie jeden Morgen an, wenn ich ins Bad laufe. Wir haben eine gemeinsame Geschichte. Bei den meisten von ihnen kann ich sogar noch sagen, wann sie tiefer wurden und sich in meine Haut gegraben haben. Wie die Falten, die sich zwischen Augenwinkeln und Schläfen spannen. Die kamen mit Anfang 50. Eine für jede schlaflose Nacht, in der ich auf ein Enkelkind aufgepasst habe.

Älter zu werden, stellt einen auf die Probe. Es ist nicht so, dass man in den Spiegel schaut und schlagartig erkennt, dass man alt geworden ist. Aber die Müdigkeit schleicht sich in das Gesicht. Da kann man cremen und cremen – nichts wird dagegen helfen.

Früher haben mir Männer beim Vorbeigehen in die Augen geschaut und mit einem dünnen Lächeln angedeutet, dass ich ihnen aufgefallen bin. Heute bleibt kein Blick mehr an mir haften. Ich denke, für die meisten Menschen lande ich in der Schublade »alt«. Und in dieser Schublade gibt es keine Unterteilung wie »alt, gibt sich aber echt viel Mühe und ist ziemlich elegant«.

Ich bin eitel und war es immer. Als Schülerin fror ich lieber in Feinstrumpfhosen, als in kratzigen Wollstrümpfen zur Schule zu gehen. Für das Mittagessen gaben mir meine Eltern ein paar Münzen mit. Ich bestellte nur eine kleine Portion und sparte das Wechselgeld so lange, bis ich mir in der Drogerie einen roten Lippenstift kaufen konnte. Dass ich den niemals in der Schule hätte tragen dürfen, war mir egal. Es ging mir um das Lebensgefühl, einen roten Lippenstift zu besitzen.

Ich vermisse diese Gefühle. Morgens in den Spiegel zu schauen und von innen zu leuchten. Ein schönes Kleid zu tragen, durch die Straßen zu laufen und mich gut zu fühlen. Als junger Mensch ist es so leicht, zu strahlen.

Wenn ich morgens eine nüchterne Bestandsaufnahme mache, weiß ich: Die Haut hängt. Ich habe etwas, das man liebevoll als »Chicken Wings« bezeichnen kann. Das bedeutet, dass die Haut an meinen Armen schlaff von den Muskeln baumelt. Wie kleine Flügelchen. Selbst an meinem Hals ist die Haut ganz weich und faltig. Sagen wir so: Die Mode, große Schals zu tragen, kommt alten Frauen wirklich zugute. Und ich trage keine Oberteile mit kurzen Ärmeln mehr.

Abgesehen davon versuche ich, mich nicht gegen die Folgen des Alters zu stemmen, sondern sie mit Würde zu ertragen. Was ist denn auch die Alternative? Ich glaube nicht an Anti-Aging-Produkte. Das fängt schon damit an, dass sich diese Cremes an viel jüngere Frauen richten, die noch nicht zu viele Falten haben. Was soll ich denn da sagen? Verdampft diese Creme, wenn ich sie auf meine fast 80 Jahre alten Wangen schmiere?

Leichter wäre es gewesen, bei den Haaren nachzu-helfen und die ersten grauen Strähnen wegzufärben. Aber ich denke mir: Bei alten Menschen kapiert das doch jeder sofort. Das ist dann genauso unauffällig, wie wenn Männer Haarausfall vertuschen wollen und sich die verbliebenen Haare seitlich über die kahle Platte kämmen. In meinem Schwimmbad ist so einer. Wenn er ins Wasser springt, hat er plötzlich wieder eine Glatze und das Büschel Resthaare treibt neben ihm her.

Die einzig richtige Antwort auf den körperlichen Verfall ist also eine stoisch würdevolle Haltung. Und Dingen nicht zu entsagen, nur weil man sich unwohl fühlt. Ich gehe gerne schwimmen. Also ziehe ich mir auch weiterhin einen Badeanzug an. Chicken Wings hin oder her.

Und wenn ich morgens in den Spiegel schaue, ha-be ich einen Trick. Die meisten Falten habe ich, wenn ich unzufrieden schaue. Ich nenne diese Falten meine Angela-Merkel-Falten. Es gibt ein einfaches Gegenmit-tel: lächeln.

Wo muss ich noch mal drücken?

ÜBER DAS GEFÜHL, WENN EINEM ANDERE PLÖTZLICH DIE WELT ERKLÄREN

Mein Mann kümmerte sich immer darum, wie unser Geld angelegt wurde. Nach seinem Tod musste ich zum ersten Mal zum Beratungstermin. Der Bankberater witterte wohl seine große Stunde. Er zog Kontoübersichten heraus, malte dramatische Pfeile darauf, klebte neonfarbene Post-its auf die Auszüge und erklärte mir, dass ich mein Geld ganz anders anlegen müsse. Ich kannte seinen Blick: Mit der armen, hilflosen Frau wird man gute Geschäfte machen können.

Ich habe eine Taktik für solche Situationen. Einfach nur nicken und lieb tun. Keine Entscheidung treffen. Sich alles ganz genau merken. Und dann im Nachhinein einen Bekannten um Rat fragen, der sich auskennt. In diesem Fall eine befreundete Finanzberaterin. Ich bin kein Mütterchen, das sich über den Tisch ziehen lässt.

Schlimm ist, dass ich in wirklich vielen Situationen auf Hilfe angewiesen bin. Als Mutter und Omi konnte ich lange Zeit anderen die Welt erklären. Warum der Himmel blau ist (Farbspektrum, Physik). Was man gegen Liebeskummer macht (klingt banal, hilft aber: ein rotes Kleid kaufen). Wie man das schlechte Gefühl vor Prüfungen bekämpft (heiße Schokolade).

Mein Mann und ich hatten in Erklärdingen eine gute Arbeitsteilung. Ich war für Gefühle und allgemeine Lebenstipps die bessere Ansprechpartnerin, er übernahm Bürokratie und Technik. Dann bekam mein Mann Alzheimer. Und ich saß auf dem Sofa und realisierte, dass ich verdammt noch mal nicht wusste, wie man eine Glühbirne wechselt. Und wo man überhaupt Glühbirnen kauft. Und wie man erkennt, wie groß die Fassung sein muss. Es war kein gutes Gefühl.

Ich will nicht hilflos sein. Ich will mich in der Welt auskennen. Auch weil ich das Gefühl habe, dass alles andere nur ein schleichender Tod ist.

Also versuchte ich, mir so schnell wie möglich zu erarbeiten, was bisher mein Mann abgedeckt hat. Ich kaufte mir ein iPad. Ich fuhr mit meiner Tochter in den Baumarkt. Nur in die Steuerunterlagen wollte ich mich nicht einarbeiten, die gab ich an einen Berater. Ich mag keine Zahlen. Und so viel Lebenszeit habe ich auch nicht mehr.

Damit ich all meine Wissenslücken stopfen konnte, musste ich aber viele Fragen stellen. Und es erzählt viel über die Menschen, wie sie darauf reagieren.

Wenn ich Fremde um Hilfe bitte, werde ich manchmal ernst genommen und bekomme einfach nur die Info, nach der ich gefragt habe. Oder die Leute schauen mich an, sehen meine Falten und verlangsamen ihr Sprechtempo. Dabei könnte man meinen, dass es keine Wissenschaft ist, mir zu sagen, ob sie die Wolle in der gesuchten Farbe im Laden vorrätig haben. Sonst bitte ich meine Tochter, sie mir im Internet zu bestellen.

Es fällt mir aber tatsächlich schwerer, Familie und Freunde um Hilfe zu bitten. Wenn ich auf dem Sofa sitze und über eine Sache grüble, gehe ich im Kopf durch, wen ich anrufen und fragen könnte. Bei den meisten Menschen fällt mir ein, dass sie sowieso schon ganz schön viel zu tun haben. Dann ihre Nummer zu wählen und die alte Frau zu sein, die anruft und sich Dinge erklären lassen muss, gefällt mir gar nicht gut. Ich will die alte Frau sein, die anruft und mit der man sich dann nett unterhält.

Deswegen bin ich der Technik dankbar. Für die meisten Fragen finde ich bei Google die Lösung. Und wenn ich eine Lösung gefunden habe, schreibe ich sie mir auf. So habe ich mir auch mein iPad erarbeitet: Ich habe mir die kleinen Symbole in ein Heft gemalt und jeweils dazu notiert, was sie können. Dann die Feinheiten: Wie man eine Mail verschickt. Wie man ein Foto aus dem Anhang einer Mail speichert. Dank meiner selbstgeschriebenen Anleitung weiß ich auch, wie ich meine Enkel mit Facetime anrufen kann, wenn ich sie vermisse. Es wird.

Bitte tief ausatmen

Ich schiebe meinen Hintern in die Luft und mache meine Beine lang. Ich merke, wie es leicht in meinen Waden zieht, genau, wie es sein soll. Ich konzentriere mich auf diese Stellen, spüre, wie sich mein Muskel langsam dehnt, und senke und hebe meine Fersen auf der Yogamatte, um den Effekt zu verstärken. Morgen werden sich die Muskeln in meinen Waden butterweich anfühlen. Eine herrliche Übung, dieser herabschauende Hund.

Ich mache seit mehr als 30 Jahren Yoga. Bei uns in der Region war ich eine der Ersten, die Yoga für sich entdeckten. Ich lebte damals mit meinem Mann auf dem Land und war neugierig, als ich hörte, dass es einen Kurs mit diesen indischen Übungen geben soll. Es war damals noch wahnsinnig exotisch, ein paar Leute fanden es sogar befremdlich. Aber meine Güte bin ich froh darüber, zu dem Kurs gegangen zu sein. Ich kann mir nichts vorstellen, was meinen Geist zuverlässiger entspannt. Und meinen Körper so stabilisiert.

Ich glaube nämlich, dass ich mich auch im Alltag besser bewege, weil ich Yoga mache. Denn ich bewege mich bewusster. Wenn ich mich bücken muss, achte ich beim Aufstehen darauf, meine Wirbel langsam aufzurichten – wie beim Yoga. Wenn ich in die Hocke gehe, um zum Beispiel die Handtücher in meine Kommode zu legen, strecke ich meinen Rücken gerade in die Höhe. Und wenn ich sitze sowieso, nichts läge mir ferner, als einen Buckel zu machen und meinen Rücken in Bananenform durchhängen zu lassen.

Überhaupt bin ich überzeugt, dass es im Alter zu einem großen Vorteil wird, wenn man sich in seinem Leben immer sportlich betätigt hat. Damit meine ich nicht, abgemagert zu sein und sich jeden Tag mit Sport an seine Grenzen zu bringen, sondern eine gemächliche, aber zähe Ausdauer. Dass man zeit seines Lebens größere Spaziergänge unternimmt, mal schwimmen geht, sich einfach immer bewegt und nicht an seinem Sofa festwächst. Weil diese Ausdauer und die Fähigkeit, seine Gemütlichkeit auch einmal zu überwinden, sich im Alter dann auszahlt, wenn selbst der Spaziergang in die Innenstadt etwas anstrengender wird.

Trotzdem spreche ich mich klar gegen eine Genussfeindlichkeit aus. Das Lebensglück hängt auch sehr davon ab, dass man sich selbst mit Liebe behandelt und sich Kuchen und Käse und Torte und sowieso alles gönnt, auf das man Lust hat. Und ich habe in meinem Leben schon so viele Sport- und Diättrends mitbekommen, dass ich mir sicher bin, dass Selbstliebe doch immer das Beste ist.

Dabei ging es in Deutschland zunächst langsam los mit den Fitnesstrends. Sport trieben lange Zeit vor allem die Schulkinder im Unterricht. In meiner Jugend auf dem Land kam niemand auf die Idee, in seiner Freizeit bewusst joggen zu gehen. Ich glaube, wenn jemand durch unser Dorf gerannt wäre, hätten immer wieder Dorfbewohner mit ihrem Auto angehalten und gefragt, ob sie die Person irgendwo hinfahren sollten. Später boomten bei uns in der Region erst die Tennis-, dann die Golfclubs, aber da ging es stärker um das soziale Miteinander, um die Feste und Treffen in den Clubs, als um körperliche Ertüchtigung. Sonst ging meine Familie wandern und fuhr im Winter zum Skifahren, viel mehr war da nicht. Der eigentliche Sportwahnsinn mit Aerobic-Kursen, Fitnessstudiomitgliedschaften und dem Ideal eines Körpers, bei dem einzelne Muskeln definiert sind, kam erst so richtig Anfang der achtziger Jahre in Schwung.

Trotzdem glaube ich, dass Frauen schon vor dem Fitnessboom in Deutschland genauso unter dem gesellschaftlich vorgeschriebenem Körperideal litten wie heute. Weil sie keinen oder wenig Sport trieben, hungerten sie noch mehr, um dem Schönheitsideal der klapperdürren Twiggy zu entsprechen, die als Swinging-Sixties-Ikone in Miniröcken in Illustrierten auftauchte. Selbst in meinem Freundeskreis auf dem Land hielten sich Frauen an die absurdesten Diäten. Die Frau eines Freundes aß tagelang nichts anderes als hartgekochte Eier zum Beispiel.

Ich mag Yoga gerade deswegen so gerne: Weil es

genau das Gegenteil von solchen Methoden ist. Man achtet genau auf seinen Körper, behandelt ihn vorsichtig und behutsam wie einen guten Freund, nicht wie seinen ärgsten Feind, wie es manche Sport- oder Diätverbissene tun. Und diese Selbstliebe und Achtsamkeit, die Yoga in den Vordergrund stellt, unterstreicht den guten Effekt, den Sport im Alter insgesamt haben kann: Seinen Körper nicht verfallen zu lassen, sich selbst nicht aufzugeben, sondern zu spüren, wie viele kleine Bewegungen eigentlich noch funktionieren. Egal, ob es der herabschauende Hund oder ein kleiner Spaziergang ist.

Was wirklich tröstet

ÜBER KONDOLENZBRIEFE

Ich mag es, die Geschichten von Bildern zu kennen. Denn häufig kann man die Bilder erst dann überhaupt verstehen. Im Museum Brandhorst in München hängt ein Bild des Malers Cy Twombly, das mir wegen seiner Geschichte sehr gut gefällt. Es heißt »Nini's Painting« und gehört zu einer Reihe von Bildern, die Twombly malte, nachdem die Partnerin seines guten Freundes gestorben war.

Das Bild ist riesig und voller Schleifen, die eine Handschrift andeuten. Wirr durcheinander, in vielen Schichten. Wer die Geschichte des Bildes nicht kennt, sieht nur Gekrakel. Aber in meinen Augen beschreibt Twombly die Unmöglichkeit, bei Trauer die richtigen Worte zu finden. Das Bild ist wie ein Brief, eine Essenz all der Worte, die man erst auf einem Bogen Papier aufschreibt und dann wieder zerknüllt und wegschmeißt, weil Worte manchmal einfach nicht reichen. Ich glaube, es gibt kaum andere Werke, die die Sprachlosigkeit der Trauer für mich besser ausdrücken.

»Das hier ist kein guter Brief. Aber ich bin zu traurig, um einen guten Brief zu schreiben«, schrieb Ernest Hemingway einmal in einem Kondolenzbrief. Ich weiß genau, was er meint. Ich musste schon viele schreiben, aber zufrieden war ich nie damit. Dabei war die Trauer so groß. Wer älter wird, verliert auf dem Weg geliebte Menschen, gute Freunde und herzliche Bekannte. Der Verlust macht stumm. Er fühlt sich ungerecht und willkürlich an.

Aber aus eigener Erfahrung weiß ich, dass man als Angehöriger in der Trauer so dankbar für ehrliche Worte der Anteilnahme ist. Ich fühlte mich wie in einem schwarzen Strudel, als ich meinen Mann Ulli verlor. Aber jeder Mensch, der mir glaubhaft machen konnte, wie sehr er Ulli geschätzt hatte, wie wichtig Ulli in seinem Leben gewesen war, wie gern er Ulli zugehört hatte, tröstete mich. Weil ich wusste, dass ich mit meiner Trauer nicht alleine war und Ulli viele Menschen berührt hatte. Dass er nicht vergessen wird, verschluckt von einer Welt, die sich immer weiterdreht, egal, was passiert.

Zu wissen, wie viel Worte bedeuten können, führt dazu, dass ich fast immer versuche, einen Kondolenzbrief zu verfassen. Aber es ist so schwierig, wie das Bild von Twombly andeutet. Wer es sich einfach machen will, könnte auf Phrasen ausweichen, aber das Problem ist: Diese Phrasen haben keine Wirkung. Sätze mit Bausteinen wie »Ich nehme Anteil«, »mein Beileid« oder dem noch schlimmeren »Melde dich, wenn du etwas brauchst« sind so beliebig, dass sie keinen Unterschied machen.

Also suche ich nach Worten, die ansatzweise ausdrücken, was mir der Verstorbene bedeutet hat. Bis ich mich bereit fühle, den Brief zu schreiben, entwerfe ich immer wieder einzelne Sätze auf Notizzetteln. Ich lege sie in ein Fach meines Sekretärs, bis mir die nächste gute Zeile einfällt. Briefe auf Schmierzetteln vorzubereiten, ist eine alte Tradition von mir. Weil mein Mann eine so elegante Schönschrift hatte, machten wir früher immer die Arbeitsteilung, dass ich Notizzettel mit passenden Worten anlieferte, die er dann in Schönschrift auf die Karten schrieb. Wie sehr ich ihn selbst in den kleinen Dingen vermisse.

Aber all die Satzentwürfe, die ich in meinem Sekretär sammle, zeigen auch, wie sprachlos Kummer macht. Umso dankbarer bin ich für all die Zeilen, die mir Menschen nach Ullis Tod geschickt haben. Ich habe sie damals gelesen, als die Trauer noch wie eine Wand zwischen mir und der Welt stand und alles dumpf und grau war. Ich habe die Karten und Briefe aufgehoben. Sie liegen mit den Friedhofsunterlagen in einer Schublade in einem Schrank im Gästezimmer. Ich habe sie zwar in der Nähe, muss sie aber nicht jeden Tag sehen. Ich glaube, das täte mir nicht gut.

Aber ich habe durch meine eigene Trauer noch etwas Wichtiges gelernt: Wenn man einmal wirklich keine Worte findet, weil der Schmerz zu groß ist, ist das nicht schlimm. Denn es gibt noch andere Faktoren, die einen nach dem Tod eines Angehörigen trösten. Ich war unendlich gerührt davon, wie viele Menschen zu Ullis Trauerfeier kamen. Allein ihre Anzahl zu sehen war Beleg dafür, dass ich nicht alleine war.

Deswegen gehe ich, wenn es irgendwie möglich ist, lieber zu der Beerdigung, als nur einen Kondolenzbrief zu schicken. Weil ich dann die Angehörigen umarmen kann und ihnen durch meine Anwesenheit zu verstehen gebe, dass wir in der Trauer vereint sind.

Ich kann mich noch genau an die Umarmungen nach Ullis Tod erinnern. Wie manche mich festhielten, ihr Brustkorb bebte und sie nur herausbrachten: »Ich vermisse ihn.« Drei Wörter. Aber sie sagen alles.

Ich bin eine Schönwetteruroma

ÜBER DIE FRAGE, WELCHE ERZIEHUNGSREGELN BEI ENKELN GELTEN

Mein Urenkel geht nicht gerne in Restaurants. Das ist nachvollziehbar, er ist ja gerade erst zwei Jahre alt. Die Begeisterung wird schon noch wachsen. Aber gerade bedeutet auswärts essen für ihn nur, dass er lange still sitzen und warten muss. Ich fände das ja auch langweilig als Kleinkind. Als wir vor kurzem im Restaurant waren, lutschte er an zwei Frühlingsrollen und war satt. Danach sank seine Stimmung kontinuierlich. Also musste Uromi Mechthild aktiv werden. Ich verzog im Restaurant mein Gesicht zu Grimassen, streckte ihm die Zunge raus, bis der Kleine lachte und gluckste.

Ich weiß, dass ich das bei meinen eigenen Kindern niemals gemacht hätte. Damals dachte ich noch, dass ich als Mutter über so einer Situation stehen, sie ruhig und entschieden klären können muss. Aber seit ich Urgroßmutter bin, merke ich, wie sehr sich meine Rolle in der Erziehung des Kindes geändert hat. Man kann es wohl so zusammenfassen: Eltern müssen im entscheidenden Moment streng sein. Großeltern müssen schon viel weniger Regeln aufzeigen. Und Urgroßeltern? Dürfen quasi alles.

Ich bin eine Schönwetteruroma, die einfach nur dafür zuständig ist, dem Kind eine schöne Zeit zu bereiten. Es ist eine dankbare Aufgabe. Und mir fällt es auch viel leichter, in anstrengenden Situationen die gute Laune zu behalten, weil ich ja – anders als die Eltern – die Urenkel und Enkel für viel kürzere Zeitspannen betreue. Denn so schön das Elterndasein ist: Das wirklich Schlauchende ist doch, 24 Stunden, sieben Tage die Woche die Verantwortung dafür zu tragen, dass alles läuft. Alle großen und kleinen Krisen lösen zu müssen. Nachts aufstehen zu müssen, immer etwas müde zu sein.

Ich hingegen habe selbst bei meinen Enkeln all das nicht mehr gehabt. Ich war nur noch vorübergehend zuständig, für ein paar Stunden oder für eine Nacht, wusste aber immer, dass ich spätestens am nächsten Tag wieder ein Mittagsschläfchen machen kann. Das ist ein großer Unterschied, der half, die Nerven zu behalten, wenn meine Enkel nicht ins Bett oder unbedingt noch einen Kakao wollten. (Ich löse dafür kein Pulver, sondern frische Schokolade in Milch auf, entsprechend geliebt haben meine Enkel den Kakao.)

Wenn man sich allerdings immer nur für eine kürzere Zeit um das Kind kümmert, ergibt sich auch eine gewisse Gefahr: Kinder versuchen, aus der neuen Situation Vorteile für sich zu schlagen. Ich habe die Taktik früher selbst sehr kompetent angewendet, weil ich wusste, dass meine Eltern sich sehr schlecht absprachen. Wenn ich mit 15 Jahren auf ein Tänzchen – so hießen früher die Abende, an denen Jugendliche zum Tanzen einluden – gehen wollte, fragte ich immer zuerst meine Mutter, die sagte: »Ich erlaube es dir, wenn dein Vater auch zustimmt.« Dann lief ich zu meinem Vater und fragte: »Darf ich heute Abend ausgehen? Mama hat nichts dagegen.« Die entscheidende Info, den Halbsatz, »wenn es für dich auch in Ordnung ist«, ließ ich natürlich weg. Es klappte jedes Mal.

Meine Enkelkinder hofften natürlich auch, dass ich nicht wusste, wie wenig Süßigkeiten sie eigentlich essen und wie früh sie ins Bett gehen sollten. Aber weil ich eine Expertin für diese Taktik bin, hatten sie bei mir keine guten Chancen. Ich sprach einfach viel mit ihren Eltern darüber, welche Regeln bei ihnen gelten und ob es in Ordnung ist, dass ich manche Regeln als Großmutter (Stichwort Kakao nach dem Abendessen) etwas weniger streng handhabe. Sobald ich die Zustimmung zu Kakao und längerer Vorlesezeit hatte, konnte ich es mit gutem Gewissen machen. Denn ich denke, dass kleine Kinder bereits verstehen, dass in verschiedenen Situationen unterschiedliche Regeln gelten. Dass es bei mir Kakao gibt, aber zu Hause eben nicht jeden Abend.

Ich genieße es, die Regeln etwas großzügiger auslegen zu können. Denn ich will, dass meine Enkel sich gerne an die Stunden bei mir erinnern. Dass sie meine Wohnung als einen magischen Ort im Kopf behalten, wo es frischen Kakao, eine Kinderbuchvorleserin mit Ausdauer und ein tolles altes Puppenhaus gibt und sich alles immer sehr warm und geborgen anfühlt.

Als Großmutter weiß ich, dass ich meine Enkel und Urenkel nicht ihr Leben lang begleiten kann. Ich werde bald sterben, nur ob sehr, sehr bald oder langfristig bald, steht nicht fest. Deswegen will ich schöne Erinnerungen in ihrem Leben schaffen. Ich hoffe, dass sie in den Stunden mit mir merken, wie sehr ich sie liebe. Ich weiß, dass mein Urenkel noch zu klein ist, um sich später daran zu erinnern, wie ich ihm im Restaurant die Zunge gezeigt habe, um ihn von seiner Langeweile abzulenken. Aber falls er das hier eines Tages liest: Ich würde alles machen, um dich zum Lachen zu bringen, Kleiner.

Warum ich meine Schulzeit nicht vermisse

ÜBER DIE FRAGE, WIE SICH DER UNTERRICHT VERÄNDERT HAT

Wer Kinder und Enkel hat, besucht viele Schulaufführungen. Wie oft ich schon in einer Aula oder in dem Theaterkeller einer Schule saß und Schülern auf der Bühne beim Singen, Tanzen oder Schauspielern zugeschaut habe, kann ich wirklich nicht mehr zählen. Aber jetzt ist es erst mal vorbei. Meine jüngste Enkelin legt bald ihr Abitur ab – und bis mein jüngster Enkel und Urenkel auf Schulbühnen stehen, wird es noch etwas dauern.

Mir werden diese Besuche in den Gymnasien fehlen. All die Konzerte und Aufführungen waren schöne Anlässe. Überhaupt musste ich selten zu unangenehmen Terminen anrücken. Ich hatte das Glück, dass ich als Mutter selten bei den Lehrern vorsprechen musste. Meine Kinder waren so brav und strebsam, dass die Elternsprechtage harmlos verliefen. Ich war als Schülerin, nun ja, etwas anders. Bei mir konnten meine Eltern fest damit rechnen, dass um Ostern herum der blaue Brief im Briefkasten steckte (der übrigens in Wirklichkeit

41

niemals blau, sondern in meinem Fall grün war). Versetzung gefährdet.

Das lag nicht etwa daran, dass mich die Schule überfordert hätte. Ich habe einfach in meiner Freizeit so gut wie möglich vermieden, mich mit ihr zu beschäftigen. Ich überredete einen Freund, meine Mathehausaufgaben zu lösen, und nutzte den Schulweg, um mich auf den Unterricht vorzubereiten. Nur wenn es gegen Schuljahresende ernst wurde, konnte ich mich aufraffen zu lernen. Die Versetzung schaffte ich jedes Mal dann doch. Ich wollte keine Minute länger als nötig zur Schule gehen. Das war ein ziemlich motivierender Gedanke, selbst wenn es bedeutete, sich mit Algebra beschäftigen zu müssen.

Warum ich jeden Gedanken an Schule an den Nachmittagen mied, hatte aber gute Gründe. Meine Schulzeit unterschied sich sehr von dem, was mir meine Kinder und Enkel erzählten. Den Hauptunterschied machten die Lehrer aus. Ich bin 1939 geboren und die Nachkriegsjahre prägten auch die Menschen, die vorne an der Tafel standen. Denn es gab in Deutschland kaum mehr ausgebildete Lehrer. Viele von ihnen waren im Krieg gestorben oder verletzt worden. Wer zu alt war, um eingezogen zu werden, steckte oft im Entnazifizierungsprogramm der Alliierten und durfte deswegen (zu Recht) keine Kinder unterrichten. Gerade in meiner Grundschulzeit wurde ich also von Menschen unterrichtet, die keine ausgebildeten Pädagogen waren, sondern durch all die offenen Stellen in das Schulsystem gerutscht waren. Vielleicht hätten sich ausgebildete Lehrkräfte besser zu helfen gewusst, wie sie mit Kindern umgehen. Meine Lehrer reagierten meistens mit Drill. In der zweiten Klasse hatten wir einen Lehrer, der uns gerne mit dem Holzdeckel der Griffelkästen auf die Finger schlug.

In der vierten Klasse wurde es schließlich etwas besser. Die Lehrer mussten entscheiden, welche Schüler gut genug für die Aufnahmeprüfung an einem Gymnasium waren. Früher ging es beim Übertritt nämlich nicht nur um die Noten, sondern man musste bei der Schule seiner Wahl eine Prüfung ablegen. Ich hatte eine Lehrerin, die mich klug fand und deswegen unter ihre Fittiche nahm. Ich durfte sie nachmittags zu Hause besuchen, bekam Kekse und saß auf ihrem Sofa, während sie mich auf die Prüfung vorbereitete. Es war die einzige kurze Phase, in der ich Spaß an der Schule hatte.

Ich schaffte die Aufnahmeprüfung. Der Übertritt bedeutete aber auch, dass ich auf ein Internat gehen musste, auf dem schon meine Schwester war – eine Mädchenschule, die von Nonnen geleitet wurde. Meine Familie wohnte damals auf dem Land, der Weg zur nächsten Oberschule in der Stadt wäre für eine Fünftklässlerin nicht zu bewältigen gewesen. Das Internat war eine düstere Zeit. Ich durfte nichts selbst entscheiden. Die Nonnen bestimmten, wann ich aufstand, was ich essen musste und sie hätten auch gerne bestimmt, was ich

dachte. Jeden Nachmittag mussten wir uns ins Studier-
zimmer setzen. Wer mit seinen Hausaufgaben fertig war,
musste still auf seinem Platz bleiben, bis auch das letzte
Mädchen ihr Heft zugeschlagen hatte. Spazieren gehen
durften wir nur als Gruppe in einer Reihe, immer mit
einem anderen Mädchen an der Hand. Sonntags mussten wir unseren Eltern schreiben. Die Ironie war aber,
dass jeder Brief von den Nonnen gelesen wurde, bevor
er verschickt wurde. Wenn ich meiner Mutter in dem
Brief also erzählen wollte, dass ich das Gefühl hatte,
unter all den Regeln zu ersticken, musste ich am nächsten Tag ins Zimmer der Mutter Oberin, die den Brief
vor meinen Augen zerriss. »Wir wollen deiner Mutter
doch keine Post schicken, die ihr Kummer bereitet.«

Wegen dieser Zeit mag ich außerdem das Nikolaus-
fest nicht mehr so gern. Wir bekamen zwar kleine Geschenke vom Nikolaus. Aber wir wurden auch bestraft.
Die Nonnen sammelten im Herbst jeden Gegenstand
ein, den eine Schülerin in einem Zimmer aus Unacht-
samkeit hatte liegen lassen. Die Sachen wanderten in
den Sack von Knecht Ruprecht, der gemeinsam mit
dem Nikolaus am 6. Dezember ins Internat kam. Wir
Schülerinnen mussten uns um die beiden versammeln,
dann hielt Knecht Ruprecht die vergessenen Gegenstände hoch und das Mädchen, das sie hatte liegen lassen, musste sich melden. Für jeden Gegenstand gab es
einen Schlag mit der Rute auf die Waden. Ich hatte das
Pech, eher vergesslich zu sein und viele meiner Pullis

und Schals in den Händen von Knecht Ruprecht zu sehen. Und ich hatte das Glück, eine große Schwester zu haben, die mich in diesen Augenblicken kurz ansah und dann nach vorne lief und behauptete, dass die Sachen ihr gehören würden, damit sie die Schläge für mich einstecken konnte.

Obwohl sie die Zeilen der zerrissenen Briefe nicht kannte, spürte meine Mutter, dass ich unter der Situation litt, und schickte mich, sobald ich alt genug war, um mit dem Zug in die nächste Stadt zu fahren, auf eine normale Oberschule. Dort waren die Lehrer zwar auch unausstehlich, aber ich hatte wenigstens nachmittags ein Stückchen goldene Freiheit, sobald ich wieder zu Hause war. Also drückte ich mich wie beschrieben vor den Hausaufgaben und kostete es aus, wieder denken zu dürfen.

Ich bin so froh, dass sich die Umstände geändert haben. Ich sah und sehe an meinen Kindern und Enkeln, wie viel Druck es auch heute noch in der Schule gibt. Aber der Drill ist verschwunden, und das ist wirklich das Beste, das den Kindern passieren konnte. Wenn ich mir vorstelle, dass es in meiner Schule so etwas wie eine Theater-AG gegeben hätte – wie viel erträglicher wären dann die schneidenden Bemerkungen meiner Lehrerinnen im normalen Unterricht gewesen.

Her mit der Torte!

ÜBER VERSUCHUNGEN IM ALTER

Es gibt Momente, in denen ich es besonders liebe, alt zu sein. Wenn ich nach dem Schwimmen in der Umkleidekabine stehe zum Beispiel. Ich sehe dort, wie die jungen Frauen sich vor den Spiegeln zurechtmachen. Ein bisschen Make-up, Eyeliner, Mascara, Schicht für Schicht bereiten sie sich so für die Außenwelt vor. Ich schäume mir kurz meine Haare unter der Dusche ein, knete sie mit dem Handtuch trocken, schmiere mir Deo unter die Achseln und schlüpfe in meine Klamotten.

Es fühlt sich an, als würde mir mein Alter jeden Tag ein paar Minuten schenken. Ich kann länger im Becken bleiben und überhole die jungen Frauen dennoch in der Kabine. Weil das Alter etwas sehr Befreiendes haben kann. In guten Momenten ruft es einem zu: eh schon egal. Und zwar nicht im traurigen, sondern im besten Sinne.

Um bei der Schminke zu bleiben: Ich habe früher auch Make-up aufgetragen und meine Wimpern getuscht. Als ich älter wurde, habe ich es mir aber abgewöhnt. Die Schminke setzte sich in den Falten ab, machte mein Alter noch offensichtlicher. Jetzt sieht halt jeder, wie ich wirklich aussehe. Ich freue mich, wenn ich meine ungeschminkte Nase in die Sonne halte. Das lästige Abschminken am Abend? Entfällt ebenso.

Es gibt auch andere Dinge, die im Alter deutlich unbedeutender werden. Einfach, weil die Zeitspanne, die man voraussichtlich noch mit seinem Körper verbringen wird, zusammenschrumpft. Als junge Frau dachte ich immer: Vorsicht, so ein halbes Jahrhundert muss dein Körper mindestens noch kooperieren. Also achtete ich auf meine Bandscheiben und wuchtete keine schweren Gegenstände herum. Versuchte, mir Schmerzmittel zu verkneifen, damit sie nicht meine Organe belasteten. Und gönnte mir zwar ein, zwei Gläser Wein am Abend, aber sicherlich keinen Whiskey. Der Leber soll es doch gut gehen.

Jetzt bin ich alt und habe großes Glück, was meine Gesundheit angeht, das ist mir bewusst. Trotzdem wird mein Leben nicht mehr ewig dauern. Deswegen verlieren viele Dinge ihre Drohkraft. Früher fürchtete ich Gelenkschäden und Süchte. Heute sehe ich es nicht mehr ein, mich zurückzuhalten. Ich habe vermutlich eh nur noch ein paar gute Jahre und will mir alles gönnen, was sie besser macht. Wenn ich Kopfschmerzen habe, nehme ich Medikamente, ohne zu zögern. Wenn ich Lust auf Kuchen oder einen würzigen Bergkäse habe, schneide ich mir große Stücke ab. Her mit den Kalorien! Und wenn ich chronische Schmerzen hätte, würde ich vermutlich Marihuana rauchen. Natürlich wäre das jetzt meine Chance, noch ganz andere Dinge zu testen, aber mein Glas Weißwein am Abend ist die einzige Droge, die mich interessiert.

Bei aller Liebe zu Experimenten: Ich finde es wichtig, dass man auch im Alter seinen Körper mit Selbstliebe und Respekt behandelt, obwohl er einem Schmerzen bereitet und man sich nach der Zeit sehnt, als man ohne Probleme zweimal um die Stadt spazieren konnte. Es ist so schwierig, eine gute Beziehung zu seinem Körper zu haben. Ich versuche aber, mich gegen diese Gedanken zu stemmen. Wenn ich zum Beispiel nach dem Schwimmen in den Spiegel schaue, meine ungeschminkte Haut sehe und meine faltigen Schultern (ja, selbst da hat man Falten), gehe ich durch, wie viele Jahre mein Körper mich durch mein Leben getragen hat. Dass dieser Körper drei Kindern das Leben geschenkt hat, sich mein Mann an ihn geschmiegt hat, ich mich nach jeder Grippe oder von Magenproblemen schnell wieder erholt habe und ich selbst jetzt im Alter noch schwimmen kann.

Mein Körper ist wie ein guter Freund. Und dem schneidet man doch auch ein Stück Kuchen ab.

Einmal Baba Ganoush, bitte

ÜBER DAS REISEN MIT DEM MUND

Wenn ich meine Enkelin in München besuche, habe ich eine Regel: Ich möchte in ein Restaurant gehen, in dem es Speisen gibt, die ich noch nie zuvor gegessen habe. Eine neue Länderküche ausprobieren und mich einmal um den Globus schmecken. Es ist die bequemste Art des Reisens. Ich brauche keinen Zug, keinen Bus, kein Auto, kein Flugzeug. Nur meine Zungenspitze und einen gut gefüllten Teller.

Bei meinem letzten Besuch war ich kulinarisch in Israel, obwohl mein Körper bequem in München-Haidhausen saß. Der Kellner servierte uns cremigen Hummus, rauchige Auberginenpaste, Sellerie-Apfel-Salat, dazu warmes Pita aus dem Ofen. Ich schloss die Augen und dachte an die Bilder von Jerusalem und Tel Aviv, die ich aus dem Fernsehen kannte. Eine kleine Fernreise im Kopf.

Seit ich ein kleines Mädchen war, habe ich Fernweh. Die Grenzen meiner Welt waren eng, und ich habe mir immer vorgestellt, was dahinter passiert. Nun bin ich alt und mir ist klar, dass ich all die Länder, die ich gerne noch sehen würde, nicht mehr bereisen kann. Aber ich kann sie schmecken, und ich habe meine Fantasie. Essen ist für alte Menschen die beste Möglichkeit, das Fernweh zu stillen.

Hinzu kommt, dass das Angebot an Länderküchen in den Großstädten eine neue Erfahrung in meinem Leben ist. Ich stamme kulinarisch gesehen ja aus einer ganz anderen Zeit. Als ich klein war, gab es allein wegen des Krieges kaum Produkte aus anderen Ländern. In der Küche regierte die Kartoffel. Wir aßen sie in jeder Zubereitungsform: gekocht und am Stück, gekocht und gestampft, geraspelt und gebraten oder geschnitten und gebraten. Dazu gab es gekochtes Gemüse. Aber eben leider keine Zucchini oder Auberginen (köstlich), sondern eine immer gleiche verkochte Mischung aus Karotten und Erbsen (nicht so köstlich).

Nach dem Krieg gab es auf dem Land zunächst nur bayerische Wirtshäuser. Erst das Reisen brachte langsam den Hunger auf Neues. Als die Menschen in den fünfziger Jahren anfingen, in den Ferien mit dem Auto nach Italien zu fahren, hatten sie zu Hause ebenfalls Lust auf Nudeln und guten Käse. Bald gab es in den Supermärkten Spaghetti und Parmesan, und die Menschen begannen, viel mehr Tomaten zu essen. Die spielten vorher in Deutschland kaum eine Rolle. Außerdem eröffneten ein paar Jahre später immer mehr italienische Restaurants.

Aber es ging langsam vorwärts. Als ich Ende der

fünfziger Jahre in München wohnte, gab es dort ein paar Italiener und einige wenige Restaurants, die türkische oder griechische Gerichte servierten. Restaurants mit chinesischen Speisen kamen erst deutlich später. Damals wurde kein Wert auf Authentizität gelegt, sondern es wurden die Gerichte serviert, die die Deutschen forderten. Vorspeise Frühlingsrolle, Hauptgang Pekingente.

Ich hatte als junge Studentin in München immer zu wenig Geld. Also hatte ich nur ein einziges Ausgehritual. In der Ludwigstraße gab es damals ein Restaurant, das zu der Gulaschsuppe so viel Brot servierte, wie man wollte. Ich traf mich dort mit Freunden und blieb für etliche Brotkörbe sitzen. Ich möchte mich im Nachhinein für all die Laibe entschuldigen, die ich dort verdrückt habe. Vielleicht ist mein großer Hunger der Grund, warum es das Wirtshaus heute nicht mehr gibt. Aber es war das Einzige, das ich mir damals leisten konnte.

Es entsprach aber auch dem Zeitgeist: Essen wurde damals als befriedigend angesehen, wenn die Portion groß war. All der Mangel in der Kriegszeit hatte sich in den Köpfen der Menschen eingebrannt. Die Überhöhung des Essens zu einer Kunstform, die Spitzenküche, die sich an Einflüssen aus der französischen Gastronomieszene orientiert, der Anspruch, eine Länderküche authentisch zuzubereiten und nicht eine eingedeutschte Version davon – all das kam erst später.

Ich bin froh, dass die Restaurantlandschaft in München heute so anders aussieht und international geworden ist. Abgesehen von meiner Lust an neuen Erfahrungen, gibt es noch einen anderen Grund, warum mich das freut: Es zeigt, wie lange der Frieden nun schon anhält. Wenn ich an meine Jugend zurückdenke, in der zwischen den einzelnen Ländern kaum Handel betrieben wurde – und nun bieten all die Restaurantschilder in München libanesische, französische oder koreanische Küche an. Das Essen führt dazu, dass andere Kulturen greifbarer werden und die Welt noch ein Stückchen mehr zusammenwächst. Als jemand, der die Ausläufe eines Krieges erlebt hat, kann ich nur sagen: Ich hoffe, dass das für immer so bleibt.

Wie Sonntagabende ihren Schrecken verlieren

ÜBER DEN UMGANG MIT EINSAMKEIT

Ich habe 50 Jahre neben meinem Mann Ulli geschlafen. Wenn ich mich morgens zur Seite drehte, sah ich sein Gesicht. Die gerade Nase, die sanft geschwungenen Lippen, seine Bartstoppeln. Selbst wenn er frisch rasiert war, schimmerten die Haarwurzeln noch durch die Haut an seinen Wangen. Sie waren immer da. Wie er.

Seit sechs Jahren liege ich allein im Bett. Wenn ich mich zur Seite drehe, blicke ich auf meinen Kleiderschrank. Oder auf die Raufasertapete. Ich wusste nicht, dass man Bartstoppeln so vermissen kann.

Eine der grundsätzlichsten Fragen im Leben ist, wie man mit Einsamkeit zurechtkommt. Jeder Mensch fühlt sich einsam, unabhängig davon, ob es einen Anlass dafür gibt oder nicht. Das Gefühl taucht einfach auf, bei mir am liebsten sonntagabends. Und es wird zu einem Filter, der all die Farbe aus dem Leben saugt. Man kann mit Freunden am Esstisch sitzen und sich einsam fühlen. Man kann seine Tochter im Arm wiegen und sich einsam fühlen.

Aber alte Menschen sind noch gefährdeter, von dem

Gefühl übermannt zu werden. Sie haben keine Arbeit und keine feste Aufgabe. Sie leben oft allein. Und wenn dann an einem Wochenende zufällig kein Freund, Kind, Enkel oder Urenkel anruft, kann sich das nach einer Leere anfühlen, die einen fast zerreißt.

Viele meiner Freundinnen und Freunde beschweren sich bei ihren Familien darüber. Manche von ihnen leben sogar in einer Einliegerwohnung im Haus ihrer Kinder und sagen trotzdem, dass sie zu selten besucht werden. Ich bin mir sicher, dass diese Gespräche niemandem weiterhelfen. Sie laden den Kindern und Enkeln Schuld auf, die sie nicht tragen können. Zu sagen, dass man sich einsam fühlt, ist wie ein Hilferuf, mit der Leere nicht allein umgehen zu müssen. Aber niemand kann einem das abnehmen. Und wenn man merkt, dass man allein nicht mehr dagegen ankommt, kann ich nur empfehlen, sich professionelle Hilfe zu holen. Es ist doch toll, dass man heute die Tragweite psychischer Probleme kennt und niemand mehr stärker sein muss, als er ist.

Das Tröstliche ist: Wenn man nicht aufgibt und in der Trauerphase stehenbleibt, kann man das Leben irgendwann wieder genießen. Ich habe nach dem Tod meines Mannes auch gelitten, weil so viele Situationen mir klargemacht haben, wie anders mein Leben schon war. Aber ich habe gelernt, mit dem Gefühl umzugehen.

Den Kampf gegen die Einsamkeit bin ich angegangen wie eine Hausaufgabe in der Schulzeit. Ich habe genau darauf geachtet, was mir gut tut und was alles noch viel schlimmer macht. Meine wichtigste Erkenntnis war: Ich muss aufhören, es mir auch noch vorzuwerfen, dass ich mich einsam fühle. Früher hat es mich richtig wütend gemacht, weil sich Einsamkeit wie Selbstmitleid anfühlt. Und ich will kein Mensch sein, der sich selbst bemitleidet. Aber sich über das Gefühl zu ärgern, macht den Abend nicht besser.

Was den Abend auch nicht besser macht, ist, sich traurige Musik anzuhören. Es fühlt sich vielleicht einen Moment lang tröstlich an, aber eigentlich suhlt man sich nur in dem Gefühl. Ein viel besseres Notfallprogramm ist: Eiscreme essen. Es gibt Zeiten, in denen man auf gesunde Ernährung achten kann, und es gibt Zeiten, in denen man auf sein Glück achten muss – und das wächst, wenn man es mit Zucker füttert. Dazu schaue ich einen guten Film, lese ein Buch oder höre mir eine Radiosendung an. Das lenkt ab. Und beim Einschlafen helfen die Stimmen als sanftes Hintergrundgeräusch im Zweifelsfall auch.

Egal, wie schlimm es sich anfühlt: Einsamkeit geht vorbei. Es ist eine Phase. Das ist eine Gewissheit, die mir an Sonntagabenden hilft. Genau wie die Gewissheit, dass in meinem Kalender für die darauffolgende Woche wieder Termine stehen. Und die Erkenntnis, dass ich ja auch ein Mensch bin. Ich bin mir selbst Gesellschaft. Und zwar nicht die schlechteste. Meine Gedanken sind ziemlich witzig. Ich muss nur zuhören.

Rom sehen und sterben

ÜBER KLEINE UND GROSSE ABENTEUER

Der Hustenanfall hat es in sich. Ich stehe nachts in einer Gasse in Rom und halte eine Waffel mit einer riesigen Portion Pistazieneis in der Hand. Es ist das beste Eis, das ich jemals gegessen habe. So cremig, als bestände es nur aus Sahne und Pistazien. Aber ich bin noch etwas erkältet, und die Pistazienstücke lösen in meinem Hals Reizhusten aus. Ist das die verdiente Strafe für meine Verrücktheit? Dafür, dass ich mit fast 80 Jahren in einer fremden Stadt stehe und nachts Eis esse?

Ich habe lange davon geträumt, einmal nach Rom zu reisen. Mein Mann mochte aber keine Großstädte, deswegen hielten wir im Italien-Urlaub zu Rom immer einen großen Sicherheitsabstand.

Goethe soll von einer Reise nach Neapel einmal so begeistert gewesen sein, dass er »Neapel sehen und sterben« in seine Aufzeichnungen kritzelte. Ich münzte dieses Zitat immer auf Rom um. Ich sehnte mich nach der prächtigen Schönheit, die die Stadt in Schwarz-Weiß-Filmen hatte. Allein der Trevi-Brunnen, von dessen Anblick die Schauspielerin Anita Ekberg im Film »La Dolce Vita« so erschlagen war, dass sie nur wenige Worte herausbrachte und lieber darin badete.

Meine Enkelin erzählte mir einmal, dass manche jungen Menschen eine Liste darüber führen, was sie in ihrem Leben noch erleben möchten. »Bucket List« heißt das, glaube ich. Mir wurde klar, dass Rom auf meiner Liste ziemlich weit oben stand. Und als meine Enkelin davon hörte, löste das eine Kettenreaktion aus. Zu Weihnachten schenkte sie mir einen Reiseführer – und die gemeinsame Reise. Einige Monate später packte ich vier T-Shirts, vier Unterhosen, vier Sockenpaare, eine Hose und viele, viele Tabletten in eine Tasche.

Manche Menschen sind glücklich, wenn ihr Leben gleichförmig verläuft. Wenn sie nachts auf ihrem eigenen Kopfkissen liegen, der Kaffee am Morgen die immer gleiche Temperatur hat, im Kühlschrank die immer selbe Sorte Käse wartet und im Briefkasten schon die Zeitung steckt. Ich hingegen war stets eine Freundin von Abenteuern. Aber als ich morgens um vier am Bahnsteig der S-Bahn wartete, um zum Flughafen zu fahren, fragte ich mich schon, ob mir etwas weniger Abenteuerlust und etwas mehr Gleichförmigkeit nicht ganz gut täten.

Die Frage tauchte immer wieder in meinem Kopf auf: Als ich die Schilder am Flughafen nicht lesen konnte und mir meine Enkelin ganz genau erklären musste, was ich bei der Sicherheitskontrolle zu tun hatte. Als ich versuchte, an der Piazza Venezia einen Zebrastreifen zu überqueren, ohne von einem Vespa-Fahrer angefahren zu werden. Als das Pistazieneis mich nachts zum Husten brachte.

Aber nach vier Tagen Rom kann ich sagen: Mut lohnt sich eben doch.

Glück lässt sich meiner Meinung nach in zwei Kategorien einteilen: in das große und das kleine Glück. Das große Glück ist, dass ich eine wundervolle Familie habe und noch einigermaßen gesund bin. Das kleine Glück sind die guten Momente des Lebens. Das beste Pistazieneis der Welt zu schlecken. Den Trevi-Brunnen in Farbe zu sehen. Ohne festes Ziel durch die römischen Gassen zu schlendern. Ein gutes Glas Wein am Abend zu trinken.

Es gibt nur eine Sache, die mich traurig macht. Ich hasse Abschiede, auch von Orten. Es gibt ein französisches Sprichwort: »Jeder Abschied ist ein kleiner Tod.« Früher habe ich mich immer damit getröstet, dass ich einfach noch einmal wiederkomme. Bei meiner Reise nach Rom weiß ich, dass dies nicht passieren wird. Meine Enkelin kann in ein paar Jahren noch einmal nach Rom fahren und das beste Pistazieneis der Welt essen. Ich nicht mehr. Aber nächstes Jahr fahre ich nach Amsterdam.

Es ist nie zu spät

ÜBER NEUE ERFAHRUNGEN IM ALTER

Der Burger liegt vor mir auf einer Platte. Aber wie bitte soll ich ihn essen? Der Mann am Nachbartisch hält ihn einfach in den Händen und beißt hinein. Die Zwiebel aus seinem Burger rutscht dabei auf den Teller. Nein, so will ich in der Öffentlichkeit nicht gesehen werden. Ich schiele rüber zu meiner Enkelin. Sie löst die Aufgabe deutlich eleganter und schneidet sich mit dem Besteck Stückchen aus dem Burger wie ein erfahrener Chirurg. Das kriege ich hin. Messer ansetzen, Gabel in den Mund.

Wie unglaublich köstlich. Wie kann es sein, dass ich so lange gelebt habe, ohne einen Burger zu essen? Was für eine Verschwendung von Lebenszeit.

Aber es hat etwas Gutes, dass ich erst im hohen Alter meine Burger-Premiere feiere. Denn durch München zu schlendern und mit meiner Enkelin zu beschließen, dass es Zeit geworden ist, endlich meinen ersten Burger zu probieren, zeigt, wie viel es für mich noch zu entdecken gibt.

Eine große Gefahr in meinem Alter ist das Jammern. Viele meiner Altersgenossen tun es ununterbrochen. Entweder es geht um ihre Gesundheit oder darum, dass die beste Zeit ihres Lebens vorbei sei. Ich nenne diese Form des Jammerns das »Nie wieder«-Mantra. Weil die Sätze, die meine Bekannten sagen, immer gleich anfangen. Nie wieder werde ich dies tun können, nie wieder jenes.

Ich verstehe sie ja. Älter zu werden bedeutet vor allem, dass sich immer mehr Türen im Leben schließen. Dass man realisiert, dass die Alpenüberquerung, die man gerne mal gemacht hätte, wirklich vom Tisch ist. Keine Chance mehr.

Aber das hilft dem Lebensglück nicht unbedingt. Sich darauf zu konzentrieren, wie schön alles hätte sein können und was alles nicht mehr geht, zerstört die guten Momente des Tages. Und das fängt nicht erst im hohen Alter an: Auch ein Dreißigjähriger macht sich unglücklich, wenn er sich nur vorhält, dass er mit seinem festen Familienleben keine Zeit mehr hat, jeden zweiten Abend mit Freunden am Fluss zu sitzen und Weißwein zu trinken.

Manchmal spüre ich, dass ich kurz davor bin, einen »Nie wieder«-Satz zu sagen. Aber ich habe mir schon vor Jahren eine Regel überlegt: Wann immer ich unzufrieden bin, was ich alles nicht mehr wiederholen kann, überlege ich, was ich alles noch nie gemacht habe und was ich somit alles entdecken kann. Die Liste ist lang.

Bis ich mit meiner Enkelin nach Rom fuhr, hatte ich nie das Kolosseum gesehen. Bis ich mir ein iPad gekauft habe, hatte ich nicht gewusst, dass ich mit meinem Enkel, der in Kolumbien lebt, über Skype sprechen und ihn dabei sehen kann. Und bis ich mich getraut habe, meinen ersten Burger zu essen, hatte ich nicht gewusst, wie großartig ein belegtes Brötchen schmecken kann.

All diese Eindrücke sind mehr wert, als es vielleicht im ersten Moment klingt. Denn sie zeigen, wie viel Abenteuer im Leben eigentlich steckt. Jeden Morgen kann ich aufstehen und etwas Neues lernen.

Ich gehe am Morgen gern schwimmen. Richtig gut bin ich trotzdem nicht, ich bin Brustschwimmerin, ausdauernd, aber schlecht. Auf der Bahn neben mir war oft derselbe Mann, ein junger Student, der gut kraulen kann. Ich war neidisch, mir hat das nie jemand beigebracht. Irgendwann nahm ich meinen Mut zusammen und fragte den Studenten, ob er bereit wäre, mich zu unterrichten. Jetzt treffen wir uns alle paar Wochen, ich versuche das mit der Atmung hinzukriegen, schlucke jede Menge Wasser, pruste, aber das ist alles egal. Ich lebe.

Eine Liebeserklärung an Waschmaschinen und Handys

ÜBER DEN FRAGWÜRDIGEN SPRUCH, DASS FRÜHER ALLES BESSER WAR

Heute Morgen habe ich meine Spülmaschine eingeräumt. Im Badezimmer stopfte ich eine Ladung Bettwäsche in die Waschmaschine. Danach setzte ich mich mit der Zeitung aufs Sofa. Im Hintergrund brummten die technischen Geräte, während sie das Wasser einzogen, schleuderten und spülten. Ich streckte mich aus und nickte ein. Das bisschen Haushalt macht sich von allein.

Die Welt ist nicht mehr die gleiche wie in meiner Kindheit. Ich habe Ehrfurcht davor, wie schnell sie sich weiterentwickelt. Deswegen kann ich Angehörige meiner Generation nicht verstehen, die die Vergangenheit verklären und auflisten, was früher alles besser war. Das genaue Gegenteil ist der Fall. Das gilt für die großen Dinge – Deutschland ist jetzt eine funktionierende Demokratie, Frauen können ein gleichberechtigteres Leben führen. Aber ich spüre es auch überall in meinem Alltag.

Hier einige Beispiele:

Als meine erste Tochter auf die Welt kam, standen in den Läden keine rosa blinkenden Schuhe, was verkraftbar ist. Aber es gab eben auch keine Klettverschlüsse. Eltern können sich die Naturgewalt, die meine Tochter als Baby und Kleinkind entladen hat, wenn ich die Schnürsenkel an ihren Schuhen binden musste, wohl vorstellen. Und heute schlüpft mein Urenkel selbst in seine Schuhe mit Klettverschlüssen. Meine Güte, was hätte ich dafür gegeben.

Das Gleiche gilt für Wegwerfwindeln, die damals noch nicht verkauft wurden. Meine Kinder mussten Stoffwindeln tragen. Ich kochte die Windeln in einem riesigen Topf auf dem Herd aus, wuchtete den vollen Topf dann ins Badezimmer, um ihn in der Wanne auszuschütten und hängte dann die gespülten, triefend nassen Windeln auf. Nach dem Trocknen war der Stoff der Windeln aber zu hart für die Babyhaut. Ich musste sie also weich bügeln, bevor ich meine Tochter wieder damit wickeln konnte.

Überhaupt liebe ich meine Waschmaschine. In meiner Kindheit dauerte es einen ganzen Tag, die Wäsche zu machen. Weil es so viel Arbeit war, hatten wir dafür eine Zugehfrau, die einmal in der Woche bei uns vorbeischaute. Im Keller unseres Hauses stand ein riesiger Waschkessel, unter dem die Frau Feuer schürte. Dann wurden Wäsche und Seifenpulver in den Kessel geschüttet, mit einem großen Holzstampfer durchwalkt und umgerührt. Danach holte die Frau die Wäsche aus dem heißen Wasser und spülte die Seife kalt aus. Ich befülle heute die Waschmaschine, entscheide, ob 30 oder 60 Grad, Fein- oder Buntwäsche. Fertig.

Es ist toll, dass ich heute alle Leute ständig erreichen kann. Wie kompliziert das Leben ohne Smartphones früher war, zeigt wohl der Berufsalltag meiner Mutter. Sie arbeitete als Ärztin auf dem Land. In den dreißiger Jahren bedeutete das, dass sie jeden Tag feste Routen abfuhr, weil die Leute meistens kein eigenes Telefon hatten und ihr nicht Bescheid geben konnten, wenn jemand erkrankt war. Also mussten die Leute wenigstens wissen, dass die Ärztin am Dienstag im Dorf war. Wenn ein Notfall passierte und meine Mutter nicht zufällig in der Nähe war, war es aber quasi nicht möglich, sie zu erreichen. Jemand aus der Familie des Kranken musste dann extra in die Wirtschaft im Ort oder ins Pfarrhaus gehen (da gab es meistens ein Telefon). Dann riefen sie bei uns an. Unsere Haushälterin notierte die Adresse und schickte meine Mutter abends los, wenn sie von ihrer festen Route zurückkam. Sagen wir so: Die Situation wäre mit WhatsApp leichter zu lösen gewesen.

Ich freue mich darüber, wie viele Regeln sich auflösen. Das Leben war früher ein Knigge-Spießrutenlauf. Gerade auf das korrekte Verhalten in der Öffentlichkeit wurde viel Wert gelegt. Mir wurde als Jugendlicher zum Beispiel beigebracht, dass ich auf keinen Fall im Gehen essen darf. Sich eine Käsesemmel zu holen und damit kauend durch die Stadt zu laufen: undenkbar. Hinter all den Regeln aus meiner Kindheit mögen gute Gedanken stecken, in diesem Fall, dass man sich für sein Essen Zeit nimmt und sich ordentlich hinsetzt. Aber in der Gesamtheit bildeten sie ein Korsett, das den Alltag viel zu fest einschnürte. Wie dankbar bin ich, dass ich heute einfach von meiner Butterbrezel abbeißen kann, wenn ich auf dem Rückweg vom Einkaufen mal Heißhunger habe.

Noch viel wichtiger ist aber, dass sich auch die Vorstellungen aufgelöst haben, wie sich eine Frau anzuziehen hat. Selbst im Winter wollte der Direktor meiner Schule nicht, dass wir Mädchen in Hosen herumliefen. Wir mussten Röcke tragen, darunter Strümpfe, die mit Strapsen an einem Strumpfhalter befestigt waren. Ein Teil des Oberschenkels blieb so unter dem Rock immer frei. Was habe ich gefroren. Und was hätte ich in der Schule erreichen können, wenn ich einfach eine bequeme Hose hätte tragen können und nicht ständig durch das Frieren abgelenkt gewesen wäre. Ich freue mich so sehr darüber, dass Frauen niemand mehr vorschreiben darf, wie sie sich kleiden. Jetzt müssen wir nur noch in anderen Bereichen die echte Gleichberechtigung erreichen. Aber in bequemen Hosen sollte das doch machbar sein.

Vergiss mich nicht

ÜBER DEN ABSCHIED VON FREUNDEN

Ich habe einen Brieffreund namens Jörg. Er ist Däne, mit einem wundervoll glucksenden Lachen. Mein Mann lernte ihn vor Jahrzehnten bei der Arbeit kennen. Weil Jörg sein eingerostetes Deutsch mit uns üben wollte, besuchten wir ihn immer wieder in seinem holzvertäfelten Ferienhaus an der dänischen Küste, stapften in Gummistiefeln über den Strand, tranken Aquavit, redeten bis in die Nacht und aßen dabei Smørrebrød (gar nicht so einfach, weil das im Mund so krümelt und die Krümel dann beim Sprechen ... nun ja).

Wenn wir uns nicht sehen konnten, schrieben wir Briefe und erzählten aus unserem Leben: wie unsere Kinder in der Schule zurechtkamen und dass wir in Deutschland leider keine so guten eingelegten Heringe wie in Dänemark kaufen konnten. Später erzählte Jörg, wie ihn die Pflege seiner Frau an seine Grenzen brachte. Und ich, wie mich die Pflege meines Mannes an meine Grenzen brachte. Dann starben unsere Partner, und wir mussten Worte für etwas finden, für das es keine Worte gab. Aber egal, wie schlecht es mir ging: Lag ein Umschlag mit Jörgs geschwungener Handschrift im Briefkasten, stellte ich die Einkaufstüten unausgepackt in die

Küche, setzte mich in einen Sessel und verschlang seine Zeilen.

Seit zwei Jahren antwortet Jörg nicht mehr auf meine Briefe. Und wenn ich seine Telefonnummer wähle, kommt eine dänische Stimme vom Band. Ich vermute, sie sagt: »Kein Anschluss unter dieser Nummer.« Und ich vermute, das steht eigentlich für: »Ihr Freund Jörg ist gestorben.«

Ich habe ein wunderschönes Adressbuch mit Ledereinband. Aber egal, bei welchem Buchstaben ich es aufschlage, könnte ich weinen. Denn das Adressbuch zeigt mir vor allem, wie viele meiner Freunde nicht mehr leben.

Schlage ich L auf, vermisse ich die tiefe Stimme meines Bruders Ludwig.

Schlage ich H auf, vermisse ich meine Freundin Heidi, die bei jedem Anruf gurrte: »Geht's uns gut? Uns geht's gut.«

Und seit kurzem vermisse ich, wenn ich J aufschlage, auch Jörg und die Smørrebrød-Abende.

Sie sind alle nicht mehr da. Es gibt sie nur noch als Einträge in meinem Adressbuch.

Als die Ersten meiner Freunde starben, hatte ich noch keine Ahnung, wie ich damit umgehen sollte. Das zeigte sich auch in meinem Adressbuch. Ich strich ihre Namen durch. Den Stift drückte ich dabei so fest auf das Papier, dass die Umrisse noch auf den folgenden Seiten zu sehen waren. Später malte ich kleine Kreuze neben die Namen. Und trug neue Kontakte nur noch mit Bleistift ein. Damit ich sie wieder wegradieren kann.

Meine Tochter hat mich einmal gefragt, ob sie mir ein neues Adressbuch schenken darf. Sie hat gemerkt, wie viel Kummer mir die Einträge bereiten. Aber ich will das auf keinen Fall. Aus dem gleichen Grund, aus dem ich es bereue, dass ich Kreuze gemalt und Menschen durchgestrichen habe. Und aus dem gleichen Grund, warum ich es nie übers Herz bringen würde, wirklich jemanden aus meinem Adressbuch zu radieren.

Ich möchte ihre Namen sehen, wenn ich das Buch aufschlage. Mir ein neues Adressbuch zu kaufen, würde sich anfühlen, als wollte ich das Kapitel mit ihnen zuklappen. Dann weine ich eben. Sie sind es alle wert.

Denn die Frage nach einem neuen Adressbuch berührt eine tiefe Angst: dass die eigene Existenz keinen Unterschied gemacht hat. Dass man in den Köpfen der Menschen ausradiert wird, wenn man stirbt. Wenn nicht gleich, dann irgendwann. Gegen diese Angst tröstet sogar die Vorstellung von handgeschriebenen Adresszeilen.

Ich hoffe, dass in manchen Kommoden auch Adressbücher liegen, in denen unter M meine Nummer steht. Und dass es Menschen gibt, die mich eines Tages vermissen, wenn sie zufällig über meinen Namen blättern. Weil sie gerne mit mir lachen würden. Weil ich eine gute Freundin war. Weil ich einen Unterschied gemacht habe.

Müffelnde Anzüge und Marmorkuchen

ÜBER DIE BEDEUTUNG VON BEERDIGUNGEN

Je älter man wird, desto wichtiger wird es auch, ein gut sitzendes schwarzes Outfit im Kleiderschrank zu haben. Ich empfehle Baumwolle oder Leinen, nicht Polyester. Zu oft stand ich an Gräbern neben Menschen, die in ihren schwarzen Kunststoff-Anzügen in der Sonne ausharrten und denen die Schweißperlen über die Stirn liefen. Und auch wenn auf Beerdigungen viele ältere Frauen anwesend sind, die schweres, süßliches Parfum aufgelegt haben, ist die Schweißnote der Polyester-Fraktion immer noch riechbar. Das will etwas heißen.

Ich habe schon viele Beerdigungen besucht. Manchmal waren es gute Freunde, die zu Grabe getragen wurden. Manchmal waren es entfernte Bekannte. Immer ging es mir nach der Beerdigung besser als vorher. Denn all die Rituale, die es dort gibt, erfüllen einen tiefen Sinn.

Eine Trauerfeier zu besuchen, hat zwei Folgen. Erstens hilft es, den Schreck zu verarbeiten, den ungläubigen Moment, dass es diesen einen Menschen wirklich nicht mehr geben soll. Und man hilft den engen Angehörigen, indem man ihnen zeigt: Ich verstehe, wie viel du durch den Tod verloren hast. Ich habe diesen Menschen gekannt, geschätzt oder geliebt und weiß, dass er eine Lücke hinterlassen wird, die nichts füllen kann.

Das Los der Angehörigen auf einer Beerdigung ist so schwierig. Je näher man dem Verstorbenen steht, desto mehr wird die Beerdigung zu einem Strudel, in dem man fast nichts wahrnimmt. Die Pfarrer geben sich mit ihren Reden wirklich viel Mühe. Aber die Worte erreichen einen in der tiefsten Trauer manchmal nicht. Ich kann mich an kein Wort aus der Traueransprache für meinen Mann erinnern. Auch nicht an die, die der Priester damals am Grab meiner Mutter gehalten hat. Ich weiß nur noch, dass es ein warmer Sommertag war und der Priester unter seinem Gewand Sandalen trug, die während der Rede immer wieder hervorblitzten. Ich stand in der Sonne, starrte auf seine Füße und fühlte mich verloren.

Was ich aber bei beiden Beerdigungen nicht vergessen habe, ist, wie gut mir die Anwesenheit der Menschen getan hat. Zu sehen, wie viele Menschen meinen Mann oder meine Mutter gemocht hatten.

So makaber das Wort Leichenschmaus auch klingen mag – er ist wichtig für den Ablauf einer Beerdigung. Früher war der Leichenschmaus auch aus praktischen Gründen notwendig. Die Anreise zu einer Beerdigung war oft so zeitaufwendig, dass man Gäste nicht ohne Verpflegung hätte heimschicken können. In meiner

Kindheit mussten die Landwirte oft noch mit Kutschen zu den Beerdigungen ins Nachbardorf fahren. Wer um sieben Uhr auf dem Bock und um elf Uhr in der Kirche sitzt, schafft es nicht, um dreizehn Uhr wieder nach Hause zu fahren, ohne davor etwas zu essen. Und von all den Gästen zu erwarten, dass sie sich auf dem Heimweg einfach selbst versorgen, wäre ein Unding gewesen. Früher gab es ja nicht alle paar Kilometer ein Restaurant (oder eine Fast-Food-Filiale).

Auch wenn man heute oft nur zehn Minuten Autofahrt hinter sich hat, ist der Leichenschmaus immer noch wichtig. In der Kirche und danach auf dem Friedhof sind alle in der Trauer vereint. Selbst wenn man den Toten nicht gut kannte, ergreift einen der Moment. Das Mitgefühl für die Menschen, die ihn verabschieden müssen. Dann kommt der Wechsel zum Leichenschmaus, der Ort ändert sich und damit die Situation. Es gibt Gesprächsgruppen und ein verbindendes Thema: woher man den Toten kannte. Das klingt nach schlimmem Smalltalk, ist aber wundervoll.

Man erlebt Menschen ja oft nur in einer Rolle: als Mutter, Vater, Bruder, Schwester, Freund, Bekannten, früheren Klassenkameraden oder Kollegen. Auf dem Leichenschmaus trifft man die Menschen, die den Verstorbenen aus einer ganz anderen Situation kennen. Die kleine Beobachtungen erzählen, kurze Geschichten, von denen man gar keine Ahnung hatte. Den Verstorbenen noch besser kennenzulernen, fühlt sich so schön an, dass man auf Beerdigungen überraschend viele lächelnde Menschen sieht.

Ich hoffe ja, dass ich hier auch einige Anekdoten auspacke, die meine Angehörigen einmal auf meiner Beerdigung erzählen können. Dass sie über den rosa Bademantel sprechen, in dem mich der Illustrator gezeichnet hat, oder über meine Rote-Grütze-Beichte und die Trauer für einen kurzen Moment vergessen. Weil sie lächeln.

Die Freiheit vor der Wohnungstür

ÜBER STÖCKE UND ROLLATOREN

Ich habe eine Bekannte, die ihre Wohnung seit Jahren kaum mehr verlässt. Sie kann nicht mehr gut laufen. Ihr Mann erledigt die Einkäufe und alle anderen Besorgungen. Ihre Welt ist hingegen auf Wohnzimmer, Badezimmer und Schlafzimmer geschrumpft. Das ist schade. Denn sie hatte früher große Freude daran, spazieren zu gehen und Ausstellungen zu besuchen. Das könnte sie immer noch – wenn sie bereit wäre, sich von ihrem Mann im Rollstuhl schieben zu lassen. Aber sie sagt, sie möchte nicht, dass jemand sie in diesem Zustand sieht.

In solchen Momenten denke ich mir, dass das Alter wirklich auch eine Prüfung ist. Es verlangt von dir, immer wieder zuzugeben, dass dein Selbstbild – dass du gern noch jung und beweglich wärst – nicht mehr mit der Realität übereinstimmt. Und du kannst diese Erkenntnis nicht einmal für dich behalten. Wenn du mit einem Rollator unterwegs bist oder dich im Rollstuhl schieben lässt, sagst du jedem Menschen, an dem du vorbeitrottest oder -rollst: Anders geht es nicht mehr. Und zu diesem Gefühl kommen noch ganz an-

73

dere Ängste hinzu: Wird man es schaffen, immer abgesenkte Bordsteinkanten zu finden, über die man rollen kann? Was soll man an der Ampel mit der viel zu kurzen Grünphase machen? Und was, wenn man trotz aller Vorsicht stürzt?

Ich habe das Glück, noch sicher laufen zu können. Aber mein Mann verlernte das Laufen am Ende seines Lebens und deswegen habe ich aus nächster Nähe gesehen, wie schleichend und doch stetig der Prozess verläuft. Wer viel in der eigenen Wohnung bleibt, kann sich noch lange Zeit selbst belügen. Sich von Möbelstück zu Möbelstück hangeln, sich immer wieder abstützen und sich vormachen, dass sich die Beine gar nicht so weich anfühlen und der Schwindel gar nicht so schlimm ist. Aber jede Strecke außerhalb der Wohnung führt einem die Realität vor Augen. Da hilft auch die beste Routenplanung entlang von Parkbänken nichts mehr. Also steht man vor dem gleichen Zwiespalt wie meine Bekannte: zu Hause zu bleiben und zu versuchen, alles Organisatorische anders zu lösen – oder einen Stock, Rollator oder Rollstuhl zu benutzen.

Ich verstehe, dass das Überwindung kostet. Sich gegenüber all seinen Bekannten einzugestehen, dass das Laufen wegen der Gebrechlichkeit im Alter nicht mehr richtig klappt. Aber ich kann trotzdem nur Werbung dafür machen. Denn wer sich überwindet, muss seine Freiheit nicht aufgeben. Wer sich überwindet, kann an den ersten warmen Frühlingstagen nach draußen gehen, seinen Rollator an eine schöne Stelle im Park stellen, sich daraufsetzen und genießen, wie weich sich die Luft anfühlt. Im Sommer spüren, wie die Sonne die Haut wärmt und in der Nase kitzelt. Im Herbst das Laub riechen. Und im Winter das Knirschen des Schnees hören, wenn man darauf läuft.

Von all den Möglichkeiten, sich beim Laufen Unterstützung zu holen, finde ich gerade Rollatoren toll. Man kann seine Einkäufe verstauen, manche Modelle kommen sogar mit einem eingebauten Regenschirm und man hat quasi immer seine eigene Parkbank dabei. Außerdem stabilisieren sie wirklich gut, weil man sich gleich mit beiden Händen an ihnen festhält. Rollatoren sind wirklich ein großer Fortschritt. Ich erinnere mich noch an viele alte Frauen, die ich in meiner Jugend sah, wie sie sich mit zwei Stöcken – einen rechts, einen links – ihren Weg entlangkämpften. Wie viel besser es ihnen mit einem Rollator gegangen wäre. Oder mit einem Rollstuhl.

Wenn ich an meine eigene Zukunft denke, ist es sehr wahrscheinlich, dass auch bei mir der Tag kommen wird, an dem ich nicht mehr gut laufen kann. Also habe ich mir Gedanken gemacht, wie ich mit der Situation umgehen möchte. Mir ist klar: Meine Welt kann sehr klein oder sehr groß sein, je nachdem, wie ich mich verhalten werde. Und ich bin zu neugierig auf diese Welt, um jemals die Grenzen meiner Wohnung zu meinen Grenzen zu machen.

Außerdem ist mir klar geworden: Die Leute halten mich ja sowieso schon für gebrechlich, weil ich alt aussehe. Da macht ein Rollator oder Stock keinen Unterschied mehr. Und überhaupt: Wer sagt, dass man mit einem Stock oder Rollator schlecht aussehen muss? Rollatoren gibt es in tollen Farben. Und zum Stock: Früher trugen elegante Männer immer Stock und Hut. Die formvollendeten Gentlemen flanierten mit Anzug, Melone und Gehstock durch die Innenstädte.

Vielleicht schaue ich mir das von ihnen ab und lege mir auf die alten Tage noch einen richtig guten Hut zu. Wenn ich anfange, beim Laufen zu wackeln, kommt dann der Stock dazu. Oder der Rollator. Ich werde ihn durch den Flur schieben, zur Haustür hinaus und dann aufatmen. Ich bin viel zu lufthungrig, um mich selbst einzusperren.

Alte Männer, junge Frauen

ÜBER PAARE MIT GROSSEM ALTERSUNTERSCHIED

Ich war vor kurzem mal wieder in der Oper. Die Aufführung war nett, aber das Publikum fand ich noch spannender. Was die Menschen unter schicker Kleidung verstehen. Wie die Menschen schauen, wenn auf der Bühne etwas Ergreifendes passiert. Und: Wer mit wem dorthin geht. Als die Flügeltüren nach der Vorstellung aufgingen, sah ich nämlich mal wieder ein Beziehungsmuster, das mich ständig umgibt: junge Frauen, die sich bei deutlich älteren Männern eingehakt haben.

Ich muss gleich vorwegsagen: Ich finde das nicht verwerflich. Wo die Liebe eben hinfällt. Ich verstehe, dass ältere Männer eine Reife ausstrahlen können, die eine Sogwirkung hat. Natürlich gibt es ebenfalls alte Blender, die mit ihren Statussymbolen imponieren wollen und genauso fürchterlich sind wie in jungen Jahren. Aber wenn Menschen auf eine gute Weise alt werden, werden sie zu besseren Partnern. Sie haben genug erlebt, um sich von Kleinigkeiten nicht mehr aus der Ruhe bringen zu lassen. Sie müssen sich nicht mehr beweisen, indem sie aus dem einen Philosophiebuch zitieren, das sie vor kurzem im Studium gelesen haben. Dieser Drang, diese Unruhe – vorbei.

Was mich aber rasend wütend macht, ist die gesellschaftliche Ungleichheit. Wie oft sieht man bitte junge Männer mit alten Frauen Arm in Arm aus der Oper schlendern? Eben. Ich will gleiches Recht für alle.

Alles, was ältere Männer so begehrenswert macht – Lebensweisheit, Reife, innere Ruhe –, haben ältere Frauen ja genauso. Dass es nur auf eine Weise zu Beziehungen mit großem Altersunterschied kommt, muss also an Rollenbildern und Schönheitsidealen liegen. Wie kann es sein, dass graue Strähnen bei Männern anziehend wirken und bei Frauen ein Grund sind, nachzufragen, ob man nicht mal zum Friseur gehen möchte? Es ist ungerecht. Die Gesellschaft verhält sich so, als klebte auf der Stirn von Frauen ein Haltbarkeitsdatum. Und das ist recht schnell überschritten. Fürchterlich ist das.

Wenn es mal eine Ausnahme von der Regel gibt, zeigen die Reaktionen erst recht, wie zementiert die Vorstellungen von Anziehungskraft sind. Ich habe mich über die Schlagzeilen über Emmanuel Macron und seine Frau Brigitte so geärgert. Diese Frau hat in ihrem kleinen Finger mehr Stil, als sich die meisten Frauen in einer Lebenszeit antrainieren können. Aber diese wundervolle, charismatische, kluge Frau wurde begutachtet wie auf dem Viehmarkt. Mit großem Unverständnis, warum sich denn jemand wie der junge Macron eine ältere Frau ausgesucht hat, aber mei, gut gealtert ist sie ja schon.

Ich würde mir wünschen, dass sich ein paar meiner

Freundinnen jüngere Partner suchen und dann händchenhaltend durch die Fußgängerzonen laufen. Je häufiger man zeigt, wie unbeschränkt und frei und bunt Liebe sein kann, desto besser. Auch weil es die Wahrscheinlichkeit erhöht, dass irgendwann in ferner, ferner Zukunft diese verkrusteten Vorstellungen keine Rolle mehr spielen.

Aber egal, wie toll ich es fände, insgesamt mehr Paare mit Altersunterschied zu sehen: Ich suche mir lieber einen Mann in meinem Alter. Mein eigenes Liebesideal ist nämlich, mich nicht verstellen zu müssen. In der griechischen Mythologie gibt es ein Paar namens Philemon und Baucis, die meinem Ideal entsprechen. Sie lieben sich und wollen unbedingt zusammen alt werden. Recht haben sie. Es ist doch viel entspannter.

Ich will einen Mann, bei dem die Haut genauso baumelt, der morgens auch ein Ziehen im Knie spürt und der die Zeitung ebenfalls nur mit der Lupe lesen kann. Weil es herrlich ist, so etwas gemeinsam durchzustehen und darüber lachen zu können. Außerdem muss man praktisch denken: Wenn zwei Menschen mit Lupen, Tablettendöschen und hellen Leselampen zusammenziehen, gibt es mehr altersgerechte Haushaltsgegenstände für beide.

Ein Nachmittag in Jogginghose

ÜBER DIE FREIHEITEN DES ALTERS

Die guten Morgen sind die, an denen ich keine Verabredungen habe. Besser gesagt: an denen ich nur mit mir selbst verabredet bin. Ich stelle eine Tasse Kaffee auf den Nachttisch, schlüpfe mit der Zeitung unter die Decke und fahre mit der Fernbedienung die Rückenlehne meines Bettes hoch, bis ich darin throne. Dann lese ich die Zeitung von vorne bis hinten durch. Ein Vormittag im Bett! Herrlich! Und so herrlich unvernünftig.

Lange Zeit hätte ich mir nicht vorstellen können, dass ich meine Morgenstunden jemals frei füllen könnte. Denn ich habe mich bis zum Tod meines Mannes nur nach anderen Menschen gerichtet. Erst nach den Nonnen im Internat, das ich als Schülerin besuchen musste. Dann nach meiner Vermieterin und ihren strengen Hausregeln. Später nach meinen Kindern. Nach meiner Mutter, die ich im Alter gepflegt habe. Und am Ende nach meinem pflegebedürftigen Mann.

Sie alle gliederten meinen Tag. Sie legten fest, wann ich aufstehen musste und schließlich auch, wie müde ich ins Bett fiel.

Manche Menschen fürchten den Renteneintritt, weil sie nicht wissen, wie sie die freien Tage füllen sollen. Auch ich musste es lernen. Am Anfang scheinen die Tage endlos. Je ungeübter man darin ist, desto mehr sollte man sich vornehmen, damit man nicht in der Wohnung vereinsamt. Ich empfehle Zahnarzttermine, da gibt es bei alten Menschen viel zu machen.

Ich brauche das nicht mehr, ich bin Profi im Nichtstun geworden und finde die Vorstellung von gähnend leeren Tagen wundervoll. Keine Regeln, keine Verpflichtungen. Vielleicht fühle ich mich genau wie eine Studentin, die in die erste eigene Wohnung gezogen ist. Aber ich musste mehr als 70 Jahre darauf warten.

Jeden Morgen entscheide ich beim Kaffee, was ich an dem Tag machen möchte. Die einzigen Zwänge, die es in meinem Leben noch gibt, schaffe ich mir selbst. Weil ich gern in der Früh schwimmen gehe, packe ich im Sommer morgens meine Badetasche (den Vormittag im Bett hänge ich dann hinten dran). Weil ich gern bummeln gehe, laufe ich in die Stadt auf den Wochenmarkt. Weil ich gern Yoga mache, gehe ich in den Kurs. Aber wenn es mir zu viel wird, kann ich alles absagen und mich mit einem Krimi auf den Balkon setzen. Alten Menschen ist bei Absagen niemand böse. Hätte ich früher gesagt, dass ich doch nicht auf einen Kaffee vorbeikomme, weil ich etwas müde bin, wäre das ein Affront gewesen. Heute ist es Anlass für verständnisvolles Nicken.

Auch allein zu wohnen hat seine Vorteile. Ich muss mich vor niemandem zieren. Weil ich schlecht höre, hat mein Sohn mir Funkkopfhörer geschenkt. Da kann ich die Lautstärke aufdrehen und nachts fernsehen, ohne dass ich die Nachbarn störe. Oder ich stelle mir einfach meine Lieblingsarie aus dem »Rosenkavalier« laut und laufe durch die Wohnung. In einer Jogginghose, die ich vor meinem Mann niemals getragen hätte.

Wenn ich Hunger habe, koche und brate ich mir genau das, worauf ich Lust habe. Bratwürste. Ein Spiegelei. Frisches Pesto. Mit Knoblauch muss man sich auch nicht zurückhalten, wenn man allein wohnt. Während ich esse, denke ich übers Kreuzworträtsel nach. Abends mache ich gerne Brotzeit. In meiner Kindheit musste ich mich bei jeder Scheibe Brot entscheiden, ob ich Butter oder Marmelade darauf haben möchte. Alles andere war in den Augen meiner schwäbischen Großmutter Völlerei. Heute schmiere ich mir beides auf die Brotscheiben. Dick.

Die Erlösung kommt zuletzt

ÜBER DIE ANGST VOR DEM STERBEN

Meine Enkelin erzählte mir kürzlich von der verstorbenen Großmutter eines Freundes – einer bildschönen Frau, die jeden Freitag zum Friseursalon ging, um sich die Haare legen zu lassen. Eines Tages nahm sie ihrem Friseur ein Versprechen ab: Er solle sich auch nach ihrem Tod um ihre Frisur kümmern. Sie wollte sichergehen, dass die Haare saßen, wenn sie schon im Sarg liegen und ihre gesamte Verwandtschaft sie sehen würde.

Ich weiß nicht, ob der Friseur sein Versprechen einlöste. Aber ich finde die Geschichte herrlich. Eitelkeit ist, anders als der Mensch, unsterblich. Doch ein Aspekt der Geschichte überrascht mich: dass die Großmutter sich überhaupt aufbahren lassen wollte. Der offene Sarg ist ja aus der Mode gekommen.

Früher war der Tod allgegenwärtiger. In meinem Leben ganz besonders: Als Tochter der Dorfärztin habe ich meine Mutter oft ins Leichenschauhaus begleitet, wo sie den Tod der Menschen offiziell feststellen musste. Anders als heute war der Raum damals nicht gekühlt. In der Luft hing ein süßer Geruch. Außerdem lagen im Raum Blumenkränze, die die schwere Note verstärkten.

Es war damals selbstverständlich, dass die Toten noch einmal gezeigt werden und sich die Familie von ihnen verabschiedet. Eine Tante von mir wurde bei uns zu Hause aufgebahrt. Ich war damals ein kleines Kind, weiß aber noch, dass ihr offener Sarg sogar über Nacht bei uns im Wohnzimmer stand.

Angst machte mir der Anblick nicht. Auch in jener Nacht kuschelte ich mich ohne einen schlechten Gedanken in mein Bett. Alle um mich herum behandelten den Tod wie eine ganz gewöhnliche Sache, die nun mal zum Leben dazugehört wie Naseputzen oder Frühstücksbrote schmieren.

Weil die Menschen heute älter werden, lernen viele junge Menschen den Tod auch erst spät kennen. In den schlimmsten Fällen sogar auf eine tragische Weise. Wenn er einen geliebten Menschen zu früh aus dem Leben reißt. Dann ist der Tod nichts anderes als grausam und schrecklich.

Das klingt vielleicht makaber, aber ich würde vielen Menschen wünschen, dass sie an einem harmlosen Fall üben können, mit dem Tod umzugehen. Mit einer entfernten Tante, die ein verdammt gutes Leben hatte und dann mit über 90 Jahren stirbt. Denn den Tod von einer solchen glücklichen, alten Person zu sehen, kann ihm den Schrecken nehmen. Weil der Tod in den besten Fällen zeigt, wie natürlich er auch sein kann.

Viele Leute versuchen, allen Gedanken an den Tod auszuweichen, damit füttern sie die Furcht vor ihm nur.

Er wird zu einer Drohung, von der man weiß, dass sie eintritt, über die man bitte aber auch kein Wort sprechen möchte. Dabei nimmt man dem Tod mit Worten die Macht. Über den Tod zu sprechen, ihn vielleicht sogar mal bei einer alten Person zu erleben, lässt die Angst vor ihm schrumpfen.

Wer die Gespräche nicht mehr scheut, wird etwas Tröstliches merken: Ältere Menschen haben meistens keine Angst vor dem Tod. Sie haben Angst vor der Phase, die ihm vorausgeht, davor, pflegebedürftig zu sein oder Schmerzen zu haben, aber nicht vor dem Ende.

Ich habe bei älteren Verwandten erlebt, dass sie sich vor ihrem Tod quälten, husteten und Schmerzen hatten. Als sie im Sarg lagen, hatten sie einen ganz friedlichen Gesichtsausdruck, so als würden sie einfach nur fest schlafen nach einem langen Tag. Das ist doch ein schöner Gedanke.

Kopfschmerztabletten im Blumenkasten

ÜBER EINE KINDHEIT IN DER NACHKRIEGSZEIT

Ich liebe es, Geschenke für meine Enkel und Urenkel zu kaufen. Allein das Angebot in den Spielzeugabteilungen beeindruckt mich. Ich laufe durch die Gänge und sehe eine Armee Kuscheltiere neben einer Wand voller Puzzles. Und erst der Playmobil- und Lego-Gang. Ich begutachte die Verpackungen, drehe und wende sie und bin – ehrlicherweise – ein bisschen neidisch. Wie schön es sein muss, ein Kind zu sein und auch nur eines dieser Pakete auszupacken. Das Leben fühlt sich für Kinder immer etwas magischer an.

Ich erinnere mich genau daran, wie es war, als Kind ein Geschenk zu bekommen. Wie man sich tagelang mit diesem neuen Besitz beschäftigen wollte, wie die Nachmittage und Abende vorbeirauschten. Auch wenn ich in meiner Kindheit deutlich weniger Spielzeug hatte als meine Enkel und mein Urenkel. Aber wir hatten ja keine Vorstellung davon, mit wie vielen blinkenden und geräuschemachenden Gegenständen man auch aufwachsen könnte. Also war meine Freude über die schiefen, manchmal selbstgebastelten Spielzeuge immens.

Die meisten meiner frühen Erinnerungen spielen in den letzten Kriegsjahren und in der Nachkriegszeit. Logischerweise war es für meine alleinerziehende Mutter – mein Vater war als Arzt im Krieg – nicht so einfach, sich viel um uns zu kümmern. Sie musste als Ärztin auf dem Land ein großes Gebiet abdecken und war fast nie zu Hause. Nur am Sonntag hatte sie ab und zu für uns Zeit, dann gingen wir gemeinsam spazieren.

Sie zeigte mir ihre Liebe nie auf eine offensichtliche Weise. Ich kann mich an keine Umarmung meiner Mutter erinnern. Ich weiß, dass es vielen Gleichaltrigen auch so geht: Wir Kinder mussten damals mit weniger körperlicher Zuwendung auskommen, unsere Mütter waren damit beschäftigt, das Leben irgendwie zu stemmen.

Das hört sich tragisch an, aber ich wusste damals ja nicht, wie innig die Beziehung zwischen Kindern und ihren Eltern auch sein kann. Also fehlte mir in diesem Moment nichts. Vielmehr glaube ich, dass ich an der Situation gewachsen bin. Meinem Bruder, meiner Schwester und mir war einfach bewusst, dass wir funktionieren und im Leben mitlaufen müssen, weil sonst das fragile System, das meine Mutter mit Müh und Not aufrechterhalten konnte, zerbrechen würde.

Also gehorchten wir, wenn uns die Haushälterin ermahnte. Und wir kümmerten uns viel um uns selbst. Unsere direkte Umwelt war damals ja auch viel weniger gefährlich. Wir lebten auf dem Land, auf den Straßen fuhren kaum Autos. An den Nachmittagen rannten wir barfuß durch die Felder hinüber zu den Nachbarskindern. Dann spielten wir Fangen, Häuschenhüpfen oder mit Murmeln. Am Ende des Sommers war meine Haut gebräunt und die Hornhaut an meinen Füßen durch das ständige Barfußlaufen so dick, dass ich selbst die spitzen Strohhalme nicht mehr spürte. Ich war glücklich.

Was meine Mutter uns im Alltag nicht zeigen konnte, versuchte sie an Ostern, Weihnachten und meinem Geburtstag gutzumachen. Alles an den Festen sollte uns Kindern gefallen. Sie suchte nach dem schönsten Weihnachtsbaum und gab sich mit den Geschenken große Mühe. Einmal bekam ich sogar ein Puppenhaus. Die Wände waren etwas schief, weil sie aus alten Dielen bestanden, aber das hat meine Liebe für das neue Spielzeug nicht geschmälert.

Die drei Feste – Ostern, Geburtstag und Weihnachten – fühlten sich auch sehr besonders an, weil es die einzigen Anlässe waren, zu denen ich Süßigkeiten geschenkt bekam. Rote Zuckerhasen, Schokolade und Marzipanplätzchen. Anders als beim Spielzeug fühlte ich hier aber bereits in meiner Kindheit einen Mangel. Ich hätte gern viel mehr Zucker in meinem Leben gehabt, auch wenn ich verstand, dass das während des Krieges und danach kein berechtigtes Anliegen war. Manchmal stibitzte ich von meiner Mutter sogar ein paar Kopfschmerztabletten, weil diese damals einen Zuckermantel hatten. Ich steckte mir die Tabletten in den Mund, lutschte so lange, bis die Zuckerschicht geschmolzen war, und spuckte die Tablette dann wieder aus. Die Überbleibsel versteckte ich – ich hatte kein kriminelles Talent – in einem Blumentopf im Wohnzimmer.

Natürlich entdeckte meine Mutter eines Tages die angelutschten Tabletten. Auch wenn sie mit mir schimpfte, war ich mir sicher, dass sie mir statt der Bestrafung lieber häufiger Schokolade gegeben hätte. Ich weiß, dass meine Mutter und meine Kindheit nicht perfekt waren, aber für meine Geschwister und mich zu sorgen, war eine andere Form der Liebe.

Dennoch wollte ich als Mutter später eine Sache anders machen: Ich umarmte meine Kinder häufiger. Sie sollten von klein auf spüren, wie wichtig sie mir sind. Und es nicht erst als Erwachsene verstehen wie ich.

Die Hüfte, die Hüfte ...

ÜBER GESPRÄCHE IM ALTER

Ich habe bei Gesprächen oft einen abwesenden Blick. Denn Gespräche in meinem Alter haben nichts mehr mit denen zu tun, die junge Leute führen. Meistens laufen sie eher wie eine Inventur des Körpers ab.

Ich frage: »Wie geht es dir?«

Mein Gegenüber antwortet: »Mein ... (Körperteil bitte einfügen) tut jetzt schon morgens weh. Über den Tag wird es schlimmer. Und die Hüfte, die Hüfte.«

Dann geht es um Blutwerte, Besuche bei Ärzten und unverschämte Apothekenmitarbeiter.

Es nervt. Seit ich älter bin, wollen Leute mit mir nur noch über Krankheiten und ihre Folgen reden. Ich war vor kurzem mit einer Gruppe Rentner in einem Theater in einer anderen Stadt. Wir sind gemeinsam mit dem Bus hingefahren, es fühlte sich fast wie ein Klassenausflug an. Bis ich den Gesprächen meiner Mitreisenden zuhörte. Statt über das Theaterstück zu diskutieren, das wir gerade gesehen hatten, ging es nämlich wieder mal um: kleine Spritzen, wichtige Spritzen, helfende Spritzen und Blutwerte.

Ich versuche ja, Verständnis dafür zu haben. Denn ich spüre, dass es den Menschen nicht gut geht, wenn sie sich so auf ihre körperlichen Gebrechen fixieren. Wenn man einsam ist und das Leben sich sehr gleichförmig anfühlt, schnurrt der Blick auf das schmerzende Knie. Bis man über nichts anderes mehr nachdenken kann.

Trotzdem fühle ich mich bei diesen Gesprächen wie ein Mülleimer, in den die Leute all ihre Gebrechen und Wehwehchen kippen. Ich habe eine Bekannte, mit der ich früher viel über Bücher gesprochen habe. Heute liest sie mir immer noch aus einem Buch vor. Allerdings aus einem Notizbuch, in dem sie Protokoll über ihre Gesundheit führt. Wenn ich sie frage, wie es ihr abgesehen von der Gesundheit geht, schnauft sie empört und sagt: »Wie meinst du das denn? Abgesehen?«

Ich kenne mich mit abgesehen ganz gut aus. Ich bin fast 80 Jahre alt und sehe sehr schlecht. Warum das jemanden außer meiner Familie und meinen Ärzten interessieren sollte, weiß ich aber nicht. Ich würde lieber über den Roman von Irvin Yalom reden, den ich gerade noch lesen kann.

Ich weiß aber, dass mein Interesse meiner Freundin viel bedeutet. Genau wie der Frau aus dem Schwimmbad, dem Herrn beim Bäcker und meiner Nachbarin. Also werde ich weiterhin fragen.

Sonst verhalte ich mich wie ein junger Mensch, der frisch in eine Stadt gezogen ist und etwas zu viel Zeit hat: Ich suche mir Hobbys. Ich gehe in den Yoga-Kurs und besuche Konzerte. Vor kurzem habe ich eine Frau kennengelernt, die nur wenige Jahre jünger ist. Sie hat eine Narbe von einer Tumor-OP an der Brust. Wenn ich sie frage, wie es ihr geht, erzählt sie, was sie am Wochenende gemacht hat. Und stellt dann eine Gegenfrage.

Fünf Wünsche für meine Trauerfeier

ÜBER DIE FRAGE, WIE DER ABSCHIED AUSSEHEN SOLL

Ich habe ein gutes Verhältnis zum Tod. Sorgen macht mir nur meine eigene Beerdigung. Das ist eigentlich absurd. Ich werde sie selbst ja nicht mehr mitbekommen, das ist ja der Sinn der ganzen Veranstaltung – anzuerkennen, dass ich nie wieder etwas mitbekommen werde. Aber seit ich die Trauerfeier für meinen Mann planen musste, kann ich abschätzen, wie viele Entscheidungen meine Angehörigen für die Beerdigung treffen werden müssen.

Dieser Text ist ein Entgegenkommen. Ich hoffe, meine Verwandten lesen ihn einfach noch einmal, wenn es mich nicht mehr gibt. Und für alle anderen Leser (das sind deutlich mehr als meine Verwandtschaft, auch wenn die ziemlich groß ist) hoffe ich, dass der Text ein Anstoß ist, mit den eigenen Großeltern oder anderen Menschen mal darüber zu reden, was sie sich für ihre Beerdigung wünschen.

Ich habe schon so viele Trauerfeiern erlebt, dass ich genau weiß, was ich bei meiner eigenen möchte. Und ich bin mir sicher, dass es vielen anderen ebenso ergeht. Natürlich träumt man von dem Tag nicht, wie man von einer Hochzeit träumt. Aber zu wissen, dass alles in etwa so abläuft, wie ich mir das jetzt ausmale, finde ich tröstlich.

Hier also eine kleine Liste mit Bitten:

Ich möchte verbrannt werden, unbedingt. Seit ich ein kleines Kind war, lässt mich nämlich ein Gedanke nicht mehr los: Wie kalt es da unten im Boden wohl ist, wenn man in einem dünnen Anzug oder einem Kleid in einer Holzkiste liegt und von tiefschwarzer Erde umgeben ist. Ich weiß, dass tote Menschen nichts mehr spüren und mein Gedanke absurd ist. Aber ich bekomme die Vorstellung nicht aus dem Kopf. Ich war schon immer eher der Typ, dem Wärme nichts ausmachte und der sich im Italienurlaub mit einem guten Buch sogar in der Mittagssonne räkelte. Also lieber einmal richtige Hitze im Krematorium als ewige Kälte. Meine Asche könnt ihr dann schon in den eisigen Boden stecken, ich will nur nicht physisch in der Erde liegen, als hätte ich mich zu einem Mittagsschläfchen hingelegt.

Macht euch bitte nicht zu viele Gedanken, was ich im Sarg tragen soll. Da die Klamotten eh mitverbrannt werden, zieht mir einfach etwas Gemütliches an, das ihr nicht erben möchtet. Am liebsten würde ich ja meine Jogginghose im Sarg tragen, aber ich ahne, dass das manche vor den Kopf stoßen würde. Also nehmt vielleicht den schwarzen Hosenanzug, der sowieso nur mir passt, weil ich viel kleiner bin als all die anderen Frauen in meiner Familie. Der kann ruhig in Rauch aufgehen.

Was der Pfarrer in seiner Trauerfeier von mir erzählt, ist mir nicht so wichtig. Die Musik umso mehr: Ich hätte gerne, dass auf meiner Beerdigung nicht gesungen wird. Das hat einen einfachen Grund: Die Liedtexte sind meiner Meinung nach emotionale Erpressung. In einem Lied, das auf Beerdigungen häufig gesungen wird, gibt es zum Beispiel die Zeilen: »Gott sitzt im Regimente und führet alles wohl.« Was ist das für ein schiefes Bild? Ich sehe da immer einen alten Mann, der feldwebelhaft vor einer Gruppe Menschen auf und ab spaziert. Ich möchte, dass sich Leute in ihren Gedanken verlieren, auf ihre eigene Weise trauern können – zum Beispiel zu der Ouvertüre aus »Lohengrin« von Richard Wagner, zu der tagträume ich selbst gerne.

Ich möchte bitte, dass meine Urne in das Grab kommt, in dem schon die Urne von meinem Ehemann ist. Ich glaube nicht an ein Leben nach dem Tod. Trotzdem finde ich die Vorstellung nett, dass unsere verbrannten biologischen Zellhaufen zumindest zusammen im Boden liegen (und sich vielleicht gegenseitig etwas wärmen, siehe oben), wenn wir schon nicht gemeinsam auf flauschigen Wolken sitzen können und Spaghetti bolognese essen.

Habt beim Leichenschmaus bitte keine Skrupel, lustige Geschichten von mir zu erzählen und viel zu lachen.

Habt bitte nie das Gefühl, traurig sein zu müssen, weil das die Situation voraussetzt. Habt bitte überhaupt nie das Gefühl, traurig sein zu müssen. Es wird Momente geben, an denen ihr etwas ganz anderes macht, die Wohnung putzt oder eine Mail schreibt zum Beispiel, und die Trauer, dass es mich nicht mehr gibt, wird in euch hineinfahren. Das ist schon schlimm genug. Ich würde euch den Schmerz gern nehmen, aber ich weiß, dass ich das nicht kann. Wenn einer dieser Momente gekommen sein sollte, denkt bitte immer daran: Ich habe euch genauso geliebt, wie ihr mich liebt. Ich sehe es als großes Geschenk, dass wir die Zeit zusammen hatten. Und dieses Geschenk kann uns der Tod nicht nehmen.

Meine verdammt aufregende Jugend

ÜBER DIE TENDENZ, BEI ALTEN MENSCHEN ZU VERGESSEN, DASS DIESE AUCH MAL JUNG WAREN

Ich habe als junge Frau einige Jahre in München gewohnt. Ich zog Ende der fünfziger Jahre dorthin. Ich war an der Schauspielschule und hatte nicht viel Geld, deswegen teilte ich mir ein Zimmer mit einer Freundin. Es war eng und schmal, es passten gerade unsere zwei Betten und ein kleiner Schrank hinein. Wir wohnten zur Untermiete bei zwei Schwestern, die sich den Rest der Wohnung teilten. Die Küche durften wir nicht mitbenutzen, also machten wir meistens Brotzeit auf unserem Bett. Oder wir gingen eben aus und aßen die gute Gulaschsuppe, von der ich schon einmal erzählt habe. Egal, wie klein unser Zimmer gewesen sein mag: Mein Leben fühlte sich nicht beengt, sondern nach großer Freiheit an.

Seit einigen Jahren fahre ich wieder häufiger nach München, weil dort meine Enkelin lebt. Vor kurzem spazierten wir durch die Maxvorstadt – und plötzlich erkannte ich das Haus wieder, in dem ich früher wohnte. Obwohl das Viertel heute so anders aussieht, war ich mir ganz sicher. Denn schon damals waren an der Außenseite des Hauses wunderschöne Fliesen mit Blumen angebracht. Und die gibt es heute noch.

Meine Enkelin und ich liefen in den Innenhof des Hauses, ich suchte das Fenster unseres früheren Zimmers und erzählte ihr von meiner Studentenzeit. Von den Käsebroten auf dem Bett, dem Ausgehen und meinem Lieblingsritual mit der nächtlichen Gulaschsuppe. Und dachte mir: Wie komisch, dass wir erst jetzt darüber reden.

Mir fällt häufiger auf, dass meine Enkelinnen und Enkel vieles von meinem früheren Alltag nicht wissen. Weil es als Großmutter ein Phänomen gibt, das ich früher beim Theaterspielen nur zu gut kennengelernt habe: Man verschwindet hinter seiner Rolle. Die Funktion ist wichtiger als die Person dahinter. Das bedeutet: Ich bin für meine Enkelinnen und Enkel zuallererst Großmutter. Nicht eine Frau mit einer Vergangenheit, sondern jemand, den es in ihrem Leben eben schon immer gab. Eine Art Zusatzmutter, die sich kümmert und sich für sie interessiert. Die mitfiebert, wenn sie nervös sind, und sich mitfreut, wenn es etwas zu feiern gibt. Ein Stützpfeiler ihrer Welt.

Natürlich interessieren sich meine Enkelinnen und Enkel für mich. Sie stellen aber Fragen zur Gegenwart. Wie es meiner Hüfte geht, ob ich am Morgen schwimmen war, ob das Wasser wieder so kalt war und wie ich mich da nur überwinden kann, wie meine ehrenamtliche Arbeit läuft, ob ich mir den Tatort angeschaut habe, wie es mir mit der Kolumne geht und welches Buch ich gerade lese.

Es liegt also nicht daran, dass sie nichts über mein Leben wissen wollen. Sondern dass es vielleicht schwerfällt, sich bei einem alten Menschen vorzustellen, dass dieser mal genauso jung war und ein ähnliches Leben geführt hat wie sie. Weil ich selbst in ihren frühesten Erinnerungen ja schon erwachsen war.

Das klingt, wenn man es so zusammenfasst, etwas schlimm: dass meine Vergangenheit für meine Nachfahren irgendwie nicht existiert, sondern nur die Gegenwart. Aber das ist es überhaupt nicht. Man gewöhnt sich daran, sobald man Kinder bekommt. Denn auch als Elternteil ist man für Kinder in der Funktion viel wichtiger. Für sie ist es entscheidend, dass du für sie da bist und mit ihnen darüber sprichst, was in diesem Moment wichtig ist. Nicht über deine Vergangenheit. Nach und nach kommt es natürlich zu Situationen, in denen man von seinem früheren Leben erzählt. Aber es ist nie der allumfassende Rundumschlag. Ich finde das ganz normal. Man lernt seine Nachfahren eben nicht auf einer Party kennen, auf der man sein früheres Leben für sie als netten Smalltalk zusammenfassen würde.

Auch ich habe meine Mutter und meine Großmütter immer nur in ihrer Rolle wahrgenommen. Das fiel mir erst auf, als ich selbst Mutter wurde. Nun finde ich es schade, dass ich vieles über ihre Vergangenheit nicht weiß und nicht mehr herausfinden kann. Haben sie nach der Schule auch mal Liebesbriefe zugesteckt bekommen? Zu welchen Liedern haben sie gerne getanzt? Gab es Bücher, die sie immer wieder gelesen haben, weil sie die Gedanken darin so mochten? All das kann ich sie nicht mehr fragen.

Meine Enkelin war begeistert, als ich ihr die Geschichten von meinem Studium erzählte. Von meiner zugegebenermaßen kurzen, aber doch etwas wilden Münchener Zeit. Danach dachte ich an meine Mutter und Großmutter – und wie sehr ich mich gefreut hätte, wenn sie von sich aus mehr erzählt hätten. Und dass ich, wenn meine Enkelinnen und Enkel bei mir in der Wohnung sitzen, ja auch einmal die Kiste mit den Fotos hätte herausholen und ihnen das Bild zeigen können, wie ich auf meinem Abschlussball tanze. Kein langweiliger Dia-Abend, sondern eine ehrliche Einordnung dieser verdammt aufregenden Jugendzeit. Ich hole das nach, versprochen.

Der Joghurt-Trick

ÜBER KRIMINALITÄT GEGEN SENIOREN

Ich bin in einem Alter, in dem ich mir aufschreiben muss, was ich einkaufen möchte. Ohne Einkaufszettel geht es nicht mehr. An einem Tag vor einigen Jahren schrieb ich nur wenige Punkte auf den Zettel. Tomaten, Joghurt, Bergkäse. Ich steckte den Zettel und meinen Geldbeutel in die Seitentasche meines Einkaufskorbes, schloss den Reißverschluss und ging zum Supermarkt.

Dort zog ich den Einkaufszettel heraus, den Reißverschluss ließ ich offen, ich brauchte ja nur ein paar Dinge. Am Kühlregal stellte ich den Korb kurz am Boden ab. Mein Lieblingsjoghurt steht immer im obersten Regal, ich komme knapp heran, wenn ich mich auf die Zehenspitzen stelle und die Arme strecke. Bis ich den Joghurt in der Hand hielt, war es nur ein kurzer Moment, aber es muss dem Dieb gereicht haben. Als ich an der Kasse meinen Geldbeutel aus dem Seitenfach holen wollte, merkte ich, dass das Fach leer war.

In meinem Kopf wirbelten die Gedanken umher. Nein, so was passiert doch nicht. Nicht in dem Supermarkt in meiner Nachbarschaft. Ich muss den Geldbeutel vergessen haben. Aber nein, er war in dem Seitenfach. Jemand muss ihn in dem kurzen Joghurt-

Streckmoment, als ich den Korb am Boden abgestellt hatte, genommen haben. Der Geldbeutel steckte zu tief in der Tasche, um einfach herauszufallen. Und ich habe die Gänge ja abgesucht. Nein, jemand hat ihn genommen.

Als mir das klar wurde, blieben nur noch zwei Gefühle in meinem Kopf: Wut und Scham. Ich überlegte, wie ich für den Dieb wohl ausgesehen haben musste, als ich mich nach dem Joghurt streckte. Wie eine alte Frau, die es schon nicht mitkriegen würde, wenn man sich schnell bückt und den Geldbeutel aus ihrer Tasche zieht. Die zu langsam reagieren würde, keine Chance hätte. Ein perfektes Opfer. Die Vorstellung machte mich rasend. Dass jemand meine Hilflosigkeit bewusst ausgenutzt hatte.

Gleichzeitig schämte ich mich dafür, dass ich so naiv gewesen war und voller Urvertrauen den Reißverschluss offen gelassen hatte. Wie ein altes Mütterchen, das es nicht besser wusste. Das man leicht ausnutzen kann, wenn man es darauf anlegt. Wenn der Reißverschluss geschlossen gewesen wäre, hätte sich der Dieb vielleicht nicht getraut, weil es länger gedauert hätte. Oder weil ich das Geräusch hätte hören können.

Mit etwas Abstand ist mir klar, dass nichts, wirklich nichts daran meine Schuld war. Aber ich beschreibe meine Scham, weil ich mir sicher bin, dass es ein Gefühl ist, das viele Opfer von Verbrechen beschäftigt. Immer wieder lese ich in der Zeitung von Senioren, die auf Betrüger hereingefallen sind, auf den sogenannten Enkeltrick. Die geglaubt haben, dass jemand aus ihrer Familie in einer Notsituation sei und Geld brauche. Und dieses dann einem vermeintlichen Bekannten mitgegeben haben. Oder sogar in ihrer Demenz ausgenutzt wurden, weil die Betrüger merkten, dass sie die eigenen Enkel gar nicht mehr erkannten und unterscheiden konnten.

Mich machen solche Fälle so wütend. Denn sie sind noch viel schlimmer als der Diebstahl meines Geldbeutels. Alten Menschen einen Notfall vorzutäuschen, der sie enorm belastet, und dann ihre Hilflosigkeit auszunutzen – immer wenn ich darüber nachdenke, fällt es mir ein paar Stunden lang schwer, den Mensch als eine im allgemeinen Durchschnitt liebenswerte Gattung zu sehen. Wie können Menschen, die das Urvertrauen anderer so ausnutzen, sich danach noch, eine abgedroschene Phrase, aber ich frage es mich wirklich, im Spiegel ansehen? Wie können sie damit leben, wie rechtfertigen sie das vor sich selbst?

Es ist für mich absolut nachvollziehbar, warum manche Senioren nicht erzählen wollen, dass sie auf Betrüger hereingefallen sind. Weil sie sich schämen, dass sie so gutgläubig waren, so tatterig, so ausnutzbar. Ein Opfer wie ich in dem Joghurt-Moment. Als alter Mensch bekommt man sowieso immer wieder die Rückmeldung, dass man zu langsam ist für eine Welt, die sich immer schneller verändert. Wer dann auf eine seit Jahren bekannte Betrugs- oder Diebstahlsmasche hereinfällt, geniert sich.

Aber die Scham löst sich mit der Zeit auf und heute, mit etwas Abstand, sehe ich es deutlich und trennscharf. Und sehe wieder, was sich jedes Opfer einer Straftat bewusst machen sollte: Es trifft einen keine Schuld. Die Schuld trägt allein der Täter. Er hat aktiv gehandelt, sich dafür entschieden, die grundlegenden Werte unseres Zusammenlebens zu ignorieren. Egal, wie gutgläubig man reagiert haben mag: Im Zweifelsfall bedeutet das nur, dass man an das Gute im Menschen glaubt. Und mir ist es in meinem konkreten Fall lieber, ein Leben lang daran zu glauben, dass andere Menschen mir nicht schaden wollen, und dann einmal bestohlen zu werden, statt ein Leben lang voller Angst und Missgunst durch meinen Alltag zu laufen – was mich vor dem Diebstahl übrigens auch nicht bewahrt hätte.

Bitte fahre vorsichtig

ÜBER DIE FRAGE, OB MUTTERGEFÜHLE JEMALS VERSCHWINDEN

Eine meiner Töchter lebt ein paar Hundert Kilometer von mir entfernt. Wenn wir uns sehen, besuchen wir uns immer gleich für ein paar Tage. Beim Abschied muss ich mich oft zusammenreißen. Denn sobald wir zu ihrem Auto laufen, ist alles, woran ich denken kann: »Sag ihr, dass sie vorsichtig fahren soll. Also wirklich vorsichtig. Nicht auszumalen, wenn ihr etwas passiert. Du musst ihr das sagen.« Und ich beiße mir auf die Lippen. Versuche, ungezwungen zu lächeln. Und sage: »Schöne Heimreise, meine Liebe, schreib doch kurz, wenn du gut zu Hause bist.«

Ich will dem Drang nicht nachgeben und meiner Tochter meine Sorgen zeigen. Aber sie sind immer da. Es ist egal, wie alt meine Kinder mittlerweile sind: Ich fühle mich immer als ihre Mutter.

In meinem Leben hat sich alles verschoben, seit sie auf der Welt sind. Früher gab es in meinem Leben wenig Angst, ich neige nicht dazu, mich vor Dingen zu fürchten. Bis zu der Geburt meiner Kinder. Ab diesem Punkt hatte ich Angst, nicht für sie da sein zu können, und achtete viel mehr auf meine Gesundheit. Und ich spürte eine Angst, die größer war als alles, was ich an Gefühlen kannte: davor, dass es meinen Kindern nicht gut gehen könnte. Ihr Glück und ihre Gesundheit wurden zu meinem wichtigsten Lebensziel. Und die Sorge, dass ihnen etwas zustoßen könnte, wurde zu einer kleinen Stimme, die immer in meinem Hinterkopf wispert.

Solange meine Kinder tatsächlich noch Kinder waren, war das alles kein Problem. Ich konnte sie vor Dingen warnen und auf sie aufpassen. Ich konnte sie wie rohe Eier behandeln, weil sie das in manchen Situationen noch waren. Es war in Ordnung für sie, wenn ich sie von Freunden abholen wollte, weil ich nicht wollte, dass sie allein durch die Dunkelheit liefen.

Ich konnte es auch vor mir selbst rechtfertigen. Aber je erwachsener sie wurden, desto mehr wusste ich, dass ich mich fortan zurückhalten musste. Nur änderte das nichts an den Sorgen in meinem Kopf. Ich zeigte sie nur nicht mehr. Gerade als sie frisch den Führerschein hatten und abends mit ihren Freunden unterwegs waren, lag ich nachts wach im Bett und konnte erst einschlafen, wenn ich das Garagentor hörte und kurz darauf die Haustür. Aber ich hätte ihnen das niemals am Frühstückstisch erzählt.

Denn ich glaube, dass Angst ansteckend ist. Und ich wollte nicht, dass meine Kinder mit Angst durchs Leben gehen, nur weil ich mir ständig Sorgen machte. Mit jedem Lebensjahr verlor ich in meinen Augen außerdem den Anspruch darauf, mich überhaupt in ihre Entscheidungen und in ihr Leben zu sehr einzumischen. Denn seine Sorgen zu äußern, bedeutet häufig genau das: sich einzumischen. Ich weiß von den wenigen Situationen, in denen ich mich nicht zurückgehalten habe, zu welchen Verwerfungen und Explosionen das führt. Und ich verstehe das ja: Niemand mag, dass einem jemand von der Seite reinredet.

Also bremse ich viele Gedanken aus, bevor ich sie ausspreche. Gedanken wie:

Vielleicht arbeitest du zu viel?
Schluss, Bremse, so was kannst du nicht sagen.

Gönnst du dir Ruhe, wenn du am Wochenende mal Zeit dafür hättest?
Schluss, Bremse, so was kannst du nicht sagen.

Sagst du, wenn es dir zu viel wird?
Schluss, Bremse, so was kannst du nicht sagen.

Kannst du bitte erst dann wieder zur Arbeit gehen, wenn du nicht mehr so schlimm hustest?
Schluss, Bremse, so was kannst du nicht sagen.

Ich bin ein Gedankeninspekteur geworden. Ich prüfe Sätze daraufhin, ob ich sie wirklich zu meinen Kindern sagen möchte. Damit kämpfe ich gegen den Drang an, sie zu bemuttern. Ich weiß ja selbst noch, dass ich es nicht ertragen konnte, wenn meine Eltern ungefragt etwas zu meinem Leben sagten. Mit Betonung auf ungefragt. Wenn meine Kinder mir etwas aus ihrem Leben erzählen und mich dann um Rat fragen, ist es etwas vollkommen anderes. Dann darf ich sagen, dass sie bei all ihren Entscheidungen auf ihr Glück und ihre Gesundheit achten sollen. Sonst nicht.

Es ist schwierig, das durchzuhalten. Ständig zucken die Gedanken in meinem Kopf. Aber wenn ich es schaffe, sie nicht auszusprechen, gewinne ich so viel: die Erkenntnis, wie klug und selbstständig meine Kinder sind. Wie gut sie ihr Leben meistern. Dass sie mich nicht brauchen, weil sie keine Angst vor der Welt haben. Dass sie ohne mich klarkommen, weil sie gelernt haben, für sich selbst zu entscheiden. Und vielleicht ist das das Beste, was man als Mutter erreichen kann.

Ein Ersatzteil unter der Motorhaube

ÜBER KÜNSTLICHE HÜFTGELENKE

Ich erlebe viele kleine Wunder. Wenn ich morgens mein linkes Bein aus dem Bett auf den Boden stelle und keine Schmerzen habe: ein kleines Wunder. Wenn ich ohne Schmerzen in die Küche laufe, um mir eine Tasse Kaffee zu holen: ein kleines Wunder. Wenn ich ins Schwimmbad laufe und dort gemächlich meine Bahnen ziehe: eigentlich sogar ein großes Wunder. Denn es gab Jahre in meinem Leben, in denen all das nicht denkbar gewesen wäre.

Ich habe auf der linken Seite ein künstliches Hüftgelenk. Und weiß deswegen, wie sehr die moderne Medizin ein Leben zum Guten verändern kann.

Bevor ich mich für die Operation entschied, litt ich jahrelang unter Schmerzen. Mein rechtes Hüftgelenk machte mir nie Probleme, aber auf der linken Seite hatte ich eine Fehlstellung. Die Schmerzen und Probleme kamen erst im Alter, dann aber in immer kürzeren Intervallen. Ich versuchte, durchzuhalten, einfach mehr Pausen einzuplanen, mein Gelenk zu schonen – und konnte trotzdem nicht mehr.

Ich weiß noch, wie ich an einem Herbsttag aus der Innenstadt nach Hause laufen wollte, auf dem Gehsteig stehen blieb und mir die Tränen aus den Augen schossen. Weil die Schmerzen so scharf waren, dass ich nicht wusste, wie ich heimkommen sollte.

Dieser Tag ist jetzt mehr als 15 Jahre her. Ich war gerade Mitte 60 und hatte mich vorher dagegen gewehrt, die Hüfte schon so früh ersetzen zu lassen. Denn damals hieß es, dass künstliche Gelenke nicht ewig halten. Ich hoffte also, die Operation möglichst lange hinauszögern zu können, sodass ich vielleicht nur ein künstliches Hüftgelenk brauchen würde und damit dann beerdigt werden könnte. Aber nach den Tränen auf dem Gehsteig war mir klar: Wenn ich die OP jetzt nicht machen lasse, habe ich noch weitere Jahre voller Schmerzen vor mir. In denen ich meinen sonst gesunden Körper nicht mehr nutzen und etwas erleben, sondern mich zu Hause vergraben werde. Ich ertrug nicht die Vorstellung, mein Leben nach einem einzigen Gelenk zu richten.

Als ich nach der Operation aufwachte, fühlte ich in mich hinein, ob ich das künstliche Gelenk spürte. Aber ich merkte nur eines: die Dösigkeit nach der Narkose und die Abwesenheit der Schmerzen. Sonst nichts.

Natürlich kam danach eine anstrengende Phase. Ich musste das Laufen und das Treppensteigen mit Krücken lernen, dann kamen die Massagen und die Gymnastikübungen in der Reha. Aber nach wenigen Wochen war es, als wäre das Alter meines Körpers wie bei einem Zähler zurückgedreht worden. Im Sommer nach der Operation konnte ich mit meinem Mann wieder wandern gehen. Nur bergab fühlte ich mich noch etwas wackelig, aber dann nahm Ulli einfach meine Hand. Heute schwimme ich und laufe immer noch, als hätte ich zwei ganz normale gesunde Hüftgelenke. Die Ärzte haben mir so schöne Jahre geschenkt.

Man kann den menschlichen Körper vielleicht mit dem vergleichen, was unter der Motorhaube eines Autos steckt. Es gibt Teile, die man ölen und pflegen muss, wenn sie lange halten sollen. Aber wer sein Auto ein paar Mal durch den TÜV bringen möchte, muss auch bereit sein, in Ersatzteile zu investieren und das Auto ein paar Tage in die Werkstatt zu geben. Aber das Tolle ist: Danach schnurrt der Motor wieder.

Die moderne Medizin hat es geschafft, dass es solche Ersatzteile gibt. Dass viele Menschen im Alter selbstbestimmt und schmerzfrei leben können, dank künstlicher Gelenke. Ärzte können Menschen aber auch die Angst nehmen. Wenn dein Herz immer wieder stolpert und du deswegen nächtelang wachliegst und auf das Pochen lauschst – und du dann einen Herzschrittmacher eingesetzt bekommst, der dir all diese Furcht nimmt zum Beispiel.

Deswegen kann ich nicht nachvollziehen, dass manche Menschen auf unser Gesundheitssystem schimpfen. Auf lange Wartezeiten bei Ärzten oder zu hohe

Kassenbeiträge. Wir haben das Glück, in einem Land zu leben, in dem fast alle Medikamente und Operationen bezahlt werden, die wir brauchen. Wenn ich an all die Menschen auf der Welt denke, die unter Hüftschmerzen leiden wie ich damals, sich aber die Operation nicht leisten können, bricht es mir das Herz. Und wenn ich daran denke, wie viele Menschen nicht einmal lebenswichtige Medikamente haben!

Die Blumenkohlfrisur

ÜBER HAARAUSFALL BEI FRAUEN

Ich bin in vielen Dingen wagemutig. Bei meinen Haaren nicht. Deswegen gehe ich seit mehr als 30 Jahren zum selben Friseur. Dieser Mann hat mir schon sehr, sehr oft die Haare eingeschäumt und dann mit der Schere gestutzt. Ich liebe das Ergebnis. Ein kurzer Pixie-Schnitt, bei dem die Haare sanft mein Gesicht einrahmen.

Es ist lange her, dass ich mit langen Haaren herumlief. Zuletzt als Schülerin, als wir Mädchen sie uns noch zu Zöpfen flochten. Als ich sie mir als Jugendliche abschneiden ließ, wirkte es bestimmt wie eine wahnsinnig modische Entscheidung. Natürlich mochte ich auch, wie ich mit kurzen Haaren aussah. Modern, irgendwie. Aber in Wahrheit hatte die Entscheidung auch viel mit meiner Faulheit zu tun. Meine Haare sind so geschnitten, dass ich mir das Föhnen sparen kann. Sie sehen am besten aus, wenn ich sie an der Luft trocknen lasse. Ich sage immer: Mit meinen Haaren ist es wie bei einem guten Schinken, der sollte auch luftgetrocknet sein.

Ich bin froh, dass ich mich schon in meiner Jugend bewusst für die kurzen Haare entschieden habe. Heute würde es wahrscheinlich gar nicht mehr anders gehen. Denn es gibt ein Phänomen, das fast alle Frauen im

Alter zu dieser Entscheidung zwingt. Die Haare werden mit den Jahren immer dünner und feiner. Manche haben natürlich Glück und auch im Alter noch eine Wallemähne, aber bei vielen Frauen sehen lange Haare im Alter nicht mehr voll und voluminös aus. Deswegen entscheiden sich die meisten für einen Kurzhaarschnitt. Oder sogar für die Blumenkohlfrisur, wie ich sie gerne nenne. Eine kurze Dauerwelle, bei der die Locken ähnlich wie die Röschen eines Blumenkohls am Kopf anliegen.

Diese Haarschnitte kaschieren viel besser, was wegen des Schönheitsdrucks unserer Gesellschaft bitte nicht auffallen soll: dass Frauen im Alter eben auch unter Haarausfall und dünnerem Haar leiden. Obwohl es einige Frauen betrifft, spielt es in der Öffentlichkeit kaum eine Rolle. Bei Haarausfall geht es fast immer um Männer. Natürlich verläuft er bei ihnen auch offensichtlicher mit den Geheimratsecken, kreisrunden Mönchstonsuren oder sogar der Vollglatze. Wenn Frauen altersbedingten Haarausfall haben, werden die Haare einfach lichter, besonders am Scheitel.

Ich finde es falsch, dass über dieses Problem kaum gesprochen wird. Dadurch haben Frauen, wenn ihre Haare ausgehen und dünner werden, doch noch viel mehr das Gefühl, dass es ihr ganz privates Problem ist – nicht ein normales, altersbedingtes Phänomen. Und es erhöht auch den Druck, den Haarausfall zu kaschieren – eben mit einem Kurzhaarschnitt oder einer Dauerwelle.

Natürlich gibt es auch Männer, die mit dem Haarausfall nicht gut umgehen können und ihn mit einem Toupet oder waghalsigen Kämmfrisuren verbergen wollen. Aber sie wissen wenigstens von klein auf, dass Haarausfall auf sie zukommen könnte und dass es im Zweifelsfall okay ist, mit Halbglatze durch die Fußgängerzone zu laufen. Frauen werden noch so viel stärker über ihre Schönheit definiert, finde ich. Sie sollen bitte auch im Alter weiblich und gepflegt sein, diskret gegen die Zeichen der Zeit arbeiten und ihre Falten wegcremen. Das Schlimme ist: Obwohl man weiß, wie unrealistisch dieses Bild ist, fühlt sich der Druck, ihm zu entsprechen, groß an.

Ich habe aber keine Lust mehr, mich diesem Druck zu beugen. Ich freue mich darüber, dass ich mich kaum noch schminke, und mag meine Falten, weil sie für all die Jahre stehen, die ich glücklich auf dieser Welt sein durfte. Aber ich muss zugeben, dass ich morgens, wenn ich in den Spiegel schaue, meine Haare länger zurechtzupfe als früher. Denn sie schmiegen sich nicht mehr so gleichmäßig an den Kopf wie früher.

Aber wann immer mich diese Gedanken quälen, habe ich einen Trick: Ich gehe einfach wieder zum Friseur. Es gibt nämlich einen Grund, warum ich mir seit 30 Jahren von niemand anderem mehr die Haare schneiden lasse. Er verbiegt mich nicht. Er mag mich genauso, wie ich bin. Als ich meine ersten grauen Haare bekam, begutachtete er sie und sagte dann etwas wie: »Schicke silberne Strähnchen. Wenn ich Ihnen die hätte färben sollen, wäre das ganz schön teuer geworden. Und Sie Glückspilz haben die von Natur aus.«

Vielleicht ist das wahre und das einzige Schönheitsgeheimnis: sich mit Menschen zu umgeben, die einen zum Lachen bringen. Auf alles andere kommt es nämlich eigentlich nicht an.

Der Tag, an dem er das Klo nicht mehr fand

ÜBER DIE FRAGE, WIE ALZHEIMER EINE EHE VERÄNDERT

Mein Mann Ulli war nie gut darin, über Gefühle zu reden. Aber er war gut darin, sie zu zeigen. Wenn wir spazieren gingen, suchte er die Wege nach glatten Steinen ab, Handschmeichlern, die er dann in seine Hosentaschen steckte. Für unsere Enkelin. Wenn etwas kaputt war, reparierte er es. Er schraubte die Gehäuse von CD-Spielern, PCs und Radios auf, sortierte Kabel und lötete. Wenn wir abends ein Glas Wein auf der Terrasse tranken, rutschte er auf der Bank zu mir und legte den Arm um mich, braungebrannt von der Arbeit im Garten.

Das Leben hat keine abgetrennten Kapitel wie ein Buch. Die Phasen fließen ineinander, die Enden verschwimmen und eigentlich sind es nie Enden, denn es geht ja immer weiter.

Aber in meinem Leben gab es ein jähes Ende. Es war der Tag, an dem Ulli in unseren Kühlschrank pinkelte, weil er ihn nicht mehr von der Toilette unterscheiden konnte. Als ich die uringetränkten Karotten aus dem Gemüsefach nahm und in den Mülleimer schmiss, würgte ich. Nicht wegen des Ekels. Sondern wegen der Einsamkeit. Ich wusste, dass der Mann, mit dem ich mehr als 40 Jahre lang jeden wichtigen Moment erlebt hatte, nicht mehr da war.

Es gibt zwei Dinge, die einen Menschen formen: sein Charakter, die Art, wie er der Welt begegnet. Und Erinnerungen. Alzheimer höhlt den Menschen aus und nimmt ihm beides. Mein Mann wurde zu einem bockigen Kind.

Alle Erinnerungen waren weg. Wie er mich im Italien-Urlaub kennenlernte und am Strand mit seinem schiefen Lächeln anlächelte, wie ich zurücklächelte und der Wind meine Haare zerzauste und wir dann Pfirsiche aßen und der Zuckersaft in unseren Mundwinkeln klebte. Wie unsere pausbäckige Tochter im Kindersitz neben ihm im Käfer saß und ihre Finger nach ihm ausstreckte, die gerade mal so lang waren wie die Spitzen seiner. Wie er ihr Fahrrad reparierte, damit sie zur Friedensdemo fahren konnte. Und wie wir entschieden, in die Stadt zu ziehen, man weiß ja nicht, wie lange man fit ist im Alter, und wir gehen doch so gerne in Konzerte, und wie unsere Enkel durch unsere Wohnung rannten, mit trommelnden Füßen über die Dielen, und wir wussten, wie laut ihre Schritte in der Arztpraxis unter uns dröhnen würden, aber es war uns herzlich egal, weil sie beim Rennen mit ihren kräftigen Oberschenkeln und Stramplern so niedlich aussahen.

Das weiß nur noch ich.

Ich schäme mich dafür, wie ich mich verhalten habe, als die Krankheit in unser Leben schlich. Ulli ging zum Bäcker Brötchen holen und kam ohne Brötchen zurück. Ulli wollte Auto fahren und fuhr einfach in der Mitte der Straße. Ulli wollte sich in seinen Sessel setzen und landet mit seinem Hintern auf dem Beistelltisch. Ich schrie ihn jedes Mal an. Ich dachte, er mache es mit Absicht. Ich dachte, dass sie doch noch gekommen sei, unsere Ehekrise, und wir uns nur provozieren und zermürben wollten.

Ich wünschte, ich könnte die Worte zurücknehmen. Ich wünschte, ich hätte mehr Geduld mit ihm gehabt. Aber Alzheimer ist der Endgegner, wie meine Enkel sagen würden. Man darf schreien, brüllen, auf Kissen einschlagen, aus der Wohnung stürmen und weiterbrüllen. Das Leben ist manchmal zu schwer, um anders darauf zu reagieren.

Die Diagnose war eine Erleichterung. Ich konnte endlich alles einordnen. Aber wir mussten mit unseren Kindern darüber sprechen. Meine Tochter arbeitet in der Pflege. Als ich es ihr sagte, stand sie vom Esstisch auf, lief in den Garten und blieb mit dem Rücken zu uns stehen. Sie schaute minutenlang auf die Haselnusssträucher. Sie wusste, was auf uns zukommen würde.

Haushälterin, nicht mehr Ehefrau

ÜBER DIE PFLEGE MEINES PARTNERS

Eigentlich ist es tragisch, eine Frau zu sein. Weil die meisten von uns ein Schicksal erwartet, vor dem viele die Augen verschließen: Sie werden ihren Partner überleben. Und sie werden sich die Frage stellen müssen: Schaffe ich es, meinen Partner zu pflegen? Und, viel wichtiger: Möchte ich das auch?

Ich hatte diese Fragen immer verdrängt, bis es bei mir selbst so weit war. Bis die Alzheimer-Erkrankung meines Mannes so weit fortgeschritten war, dass ich mich den ganzen Tag – einschließlich der Nacht – um ihn kümmern musste.

Alzheimer hat dafür gesorgt, dass ich keine Ehefrau, Partnerin, Vertraute mehr war. Ich war nur noch zuständig: als Haushälterin, Souffleuse, Verwalterin, Pflegerin und Chauffeurin meines Mannes. Egal, ob ich auf die Aufgaben vorbereitet war oder nicht.

In der Nacht wachte ich häufig davon auf, dass das Laken nass wurde. Ulli hatte seinen Penis aus der Windel geholt und ins Bett gepinkelt. Ich zog das Bettzeug ab, steckte es in die Waschmaschine, wischte die Matratzenauflage trocken und bezog das Bett neu. Dann legte ich mich wieder für ein paar Stunden hin. Morgens stand ich vor ihm auf und frühstückte. Danach versuchte ich ihn zu wecken. Das machte ihn wütend. Aber ich wusste, dass er wieder neben seine Windel pinkeln würde, wenn ich ihn nicht dazu brachte, aufzustehen und aufs Klo zu gehen.

Ich begleitete ihn ins Bad, rasierte ihn, setzte ihn unter die Dusche und brauste ihn ab. Er hatte vergessen, wie man sich wäscht. Dann trocknete ich ihn ab und zog ihn an. Er hatte vergessen, wie man sich anzieht. Ich schmierte ihm zwei Brötchenhälften. Er hatte vergessen, wie man Frühstück macht. Dann stellte ich sie vor ihm hin und setzte mich daneben, damit er nicht vergaß, sie auch zu essen. Und ich legte ihm all seine Pillen zurecht. An manchen Tagen musste ich sie ihm in den Mund stecken und ihm das Wasserglas an die Lippen führen. Er hätte die Medikamente sonst vergessen, obwohl sie vor ihm lagen. Wie ich dieses Wort hasse: vergessen.

Danach: Zähne putzen, ihn zu seinem Sessel begleiten (er wusste noch, wie man geht, aber nicht mehr, wie man bremst), darauf achten, dass er sich in den Sessel setzt und nicht versehentlich auf den Beistelltisch.

Meistens war das der Zeitpunkt, an dem ich das erste Mal am Tag geweint habe. Wenn ich nicht schon nachts geweint habe, während ich die Bettwäsche in die Waschmaschine gestopft habe.

Mein Mann und ich teilten keine Sorgen mehr, wir lachten nicht mehr gemeinsam, wir stritten nicht mehr, er schaute mich nicht mehr an. Wenn ich weinte, fragte er nicht, warum. Sein Geist war hinter einer Milchglaswand. Die einzige Emotion, die noch aufblitzte, war Wut. Wenn er sich über sich selbst ärgerte, weil er vergaß, wie man ein Marmeladenbrötchen kaut, oder weil er sich über mich ärgerte, weil ich ihn nicht einfach in Ruhe ließ. Das war alles, was er noch wollte: Ruhe.

Einmal stürzte er im Flur. Ich wollte ihm aufhelfen, er stemmte sich gegen mich wie ein kleines Kind. Nur war er immer noch stärker als ich. Irgendwann gab ich auf. Und rief meinen Schwiegersohn an, damit er mir half, ihn wieder auf die Beine zu stellen.

Die Pflege überforderte mich, das war klar. Aber ich wollte es nicht wahrhaben. Erst ein drastischer Einschnitt half mir, das zu erkennen.

Das Gebrochene-Herz-Syndrom

ÜBER DIE ENTSCHEIDUNG, DASS DER PARTNER IM ALTENHEIM BESSER AUFGEHOBEN IST

Ich mag den Geruch von Krankenhäusern nicht. Wonach es genau riecht, ist schwierig zu sagen. Als ich im Bett lag, versuchte ich darüber nachzudenken. Nicht über das Ziehen in meiner Brust, nicht darüber, ob das jetzt mein Ende war. Bitte, Kopf, lenk mich ab. Also lieber auf die Frage konzentrieren, woraus sich dieser Geruch zusammensetzt. Ist das nicht ein Hauch kalter Braten? Vermischt mit Urin? Und das Süßliche – ist das der Geruch von dem Putzmittel, mit dem sie hier den Boden wischen?

Ich kam nicht darauf. Also ging ich meine Erinnerungen noch einmal durch, um mich von der Infusion und den Apparaten, die piepten, abzulenken.

Das Wetter war so schön gewesen, also wollte ich mit Ulli in den Garten fahren. Mein Mann redete den ganzen Morgen nicht mit mir, wie eigentlich immer in den vergangenen Monaten. Alzheimer hatte die letzten Züge seines Charakters aufgefressen. Für einen Tag im Frühling war es ungewöhnlich heiß. Ich kniete mich in ein Beet und begann, die Erde zu lockern und das Unkraut herauszureißen. Mir wurde immer wärmer. Ich streckte mich, um an eine Wurzel zu kommen, die weiter hinten im Beet steckte. Dann durchfuhr es mich. Ein Ziehen in meiner Brust. Ich bekam keine Luft mehr.

Meine Schwägerin sah mich und rief: »Du bist ja ganz grün im Gesicht.« Danach werden meine Erinnerungen zu einem Strudel. Ich weiß noch, dass ich erst nach Hause fuhr und dachte, es würde schon besser werden, und dann zwei Tage vor mich hin döste und nicht mehr richtig hochkam. Mein Hausarzt schickte mich mit dem Krankenwagen ins Krankenhaus.

Ein Arzt kam ins Zimmer. Meine Diagnose stehe nun fest, sagte er, ich hätte das Gebrochene-Herz-Syndrom. Ich hatte fest mit der Diagnose Herzinfarkt gerechnet. Ich meine: Ich bin alt, ich spüre ein Ziehen in der Brust, die »Apotheken Umschau« hat mich gut auf diese Situation vorbereitet. Also schaute ich den Arzt ungläubig an: »Was bitte habe ich?«

Er erklärte mir, dass die Ergebnisse der Herzkatheter-Untersuchung bei mir nicht auf einen Herzinfarkt hinweisen. Sondern auf das Gebrochene-Herz-Syndrom. Er begann es mir zu erklären, später las ich viel dazu nach: Das Gebrochene-Herz-Syndrom hat tatsächlich fast die gleichen Symptome wie ein Herzinfarkt. Und es ist ein mindestens genauso deutlicher Warnschuss. Das Syndrom ist eine Reaktion auf zu viel Stress. Manche Patienten bekommen es nach dem Tod ihres Partners oder einer anderen schlimmen Nachricht. Andere, weil sie sich körperlich überanstrengen. Bei mir war es vermutlich eine Mischung.

Die letzten Jahre waren hart für mich gewesen. Die Pflege meines Mannes überforderte mich. Meine Verwandten hatten alle auf mich eingeredet: Gib ihn doch in ein Altenheim! Professionelle Pflegekräfte wissen, was sie tun, wie sie ihn heben und waschen. Du machst dich nur kaputt! Lass dir helfen!

Ich sah ihren Punkt. Aber ich weiß auch, dass Ulli – wäre unser Schicksal vertauscht gewesen – sich genauso um mich gekümmert hätte. Dass auch er mich zu Hause hätte pflegen wollen. Das machte die Entscheidung so schwer. Wir hatten es einander versprochen: in guten wie in schlechten Zeiten.

Nur dämmerte mir nach der deutlichen Ansprache des Arztes, dass »bis dass der Tod uns scheidet« auch auf meine Kappe gehen kann. Dass ich vor Ulli sterben könnte, weil mich seine Pflege so auslaugt, mir die letzte Energie aus dem Körper wringt.

Mein Schwiegersohn kam ins Zimmer. Er sagte viele kluge Dinge. Dass ich weiterhin für Ulli da sein und viele Stunden im Heim bei ihm sein könne. Aber dass ich, wenn ich ihn weiter zu Hause pflege, bald gar nicht mehr für ihn da sein kann. Und da sei das Altenheim doch das deutlich kleinere Übel.

Zum ersten Mal gab ich es vor mir selbst zu: Ich schaffe es nicht mehr. Es war ein befreiender Gedanke.

Es gibt dieses Zitat aus der Bibel: »Liebe deinen Nächsten wie dich selbst.« Die meisten lesen daraus, dass sie sich aufopfern sollen für andere. Aber der Spruch bedingt auch: Wer sich selbst nicht liebt, kann nicht für andere da sein.

Warum AltenpflegerInnen so viel Respekt verdienen

ÜBER SENIORENHEIME UND DAS PFLEGESYSTEM

Manche Menschen kräuseln die Nase, wenn nur das Wort Altenheim fällt. Dann hagelt es Vorurteile: die PflegerInnen seien heillos überlastet und deswegen unfreundlich. Zu essen gebe es nur ungesalzenen Brei in den Farben Grün (pürierte Erbsen), Gelb (pürierte Kartoffeln) oder Orange (pürierte Karotten). Und es stinke in den Fluren und Zimmern.

Wenn ich diese Klischees höre, ärgere ich mich – auch wenn ich zugeben muss, dass das mit dem etwas unangenehmen Geruch in manchen Fällen stimmt. Es gibt Altenheime, in denen ein süßlicher Duft hängt, der sich aus Waschmittel und uringetränkten Windeln zusammensetzt. Aber all die Vorurteile ignorieren eine entscheidende Tatsache: dass die Menschen, die in den Altenheimen arbeiten, wirklich jeden Tag ihr Bestes geben wollen.

Ich habe das erlebt, weil ich die Pflege meines Mannes nicht mehr alleine schaffen konnte. Er musste im Altenheim leben, es gab keine andere Möglichkeit. Sofort spürte ich, wie es mir körperlich wieder besser ging.

Ich musste meinem Mann nicht mehr helfen, sich aus dem Sessel hochzustemmen, ihn waschen oder stützen. Das alles erledigten nun Fachkräfte, die die richtigen Handgriffe gelernt hatten und die auch medizinische Notfallsituationen viel besser einschätzen konnten, das war mir das Wichtigste. Mein Mann Ulli hatte oft Probleme, zu atmen. Als er noch zu Hause lebte, saß ich manchmal neben ihm und überlegte, ob ich einen Krankenwagen rufen müsse oder ob alles gut bliebe. Diese Verantwortung nicht mehr zu spüren, zu wissen, dass jetzt erfahrene Personen einen Blick auf ihn hatten, war so beruhigend.

Entsprechend dankbar war ich den PflegerInnen in dem Altenheim. Ich verbrachte viel Zeit dort, weil ich Ulli jeden Tag so lange wie möglich sehen wollte. Ich ging nach dem Aufstehen ins Altenheim und setzte mich zu ihm ins Zimmer. Dann half ich ihm beim Essen (übrigens: kein Brei, sondern lecker gewürzter Gemüseauflauf, Sonntagsbraten oder Fisch). Manchmal ging ich erst abends zurück in meine Wohnung.

Entsprechend gut lernte ich auch die Pflegekräfte kennen. Ich habe viel Respekt vor ihnen. In dem Altenheim, in dem mein Mann lebte, arbeiteten viele Frauen, die für den Job aus Osteuropa nach Deutschland gezogen waren. Wenn ich sah, wie liebevoll sie beim Mittagessen mit den Senioren sprachen, sich neben sie setzten und ihre Hand hielten, machte mich das sehr glücklich. Aber gleichzeitig fragte ich mich, wie diese Frauen es

schaffen, nicht an dem fürchterlichen System zu zerbrechen.

Denn Pflegekräfte sind in Deutschland wahnsinnig
überlastet. In den Altenheimen und Krankenhäusern
gibt es viel zu wenige von ihnen, sie haben nie Zeit, für
nichts, müssen immer funktionieren, alle Handgriffe in
einer viel zu kurzen Zeit erledigen und ihre Arbeit genau dokumentieren, was noch viel mehr Zeit schluckt.
Gleichzeitig wissen sie, wie sehr sich die älteren Menschen über mehr Aufmerksamkeit freuen würden,
manchmal sogar, dass sie diese brauchen, weil sie sonst
vereinsamen.

Natürlich lief auch im Altenheim, in dem mein Mann
lebte, mal etwas schief. Seine Klamotten landeten nach
dem Waschen gelegentlich bei einem anderen Bewoh-
ner. Zweimal büxte mein Mann sogar aus. Eine Freundin von mir entdeckte ihn an der Straße vor dem Altenheim, er erzählte ihr, er ginge jetzt nach Hause zu mir.
Ein anderes Mal lief er nachts aus seinem Zimmer und
fand es danach nicht wieder. Stattdessen entdeckte ihn
die Altenpflegerin, die die Nachtschicht hatte, im Zimmer einer älteren Frau. Wobei die Geschichte eigentlich
ganz süß ist: Die Frau hatte ihn bei sich aufgenommen
und ihm im Bett etwas Platz gemacht, sodass die beiden
aneinandergekuschelt dalagen.

Aber wie sollte man den Pflegekräften solche Vor-
fälle verübeln? Wie hätten sie es schaffen sollen, bei all
dem Zeitdruck so genau auf meinen Mann zu schauen?

Er war auf einer offenen Station, wenn er da im Flur auf und ab ging, passierte es schnell, dass er auch mal durch eine andere Tür spazierte. Es ist doch nicht die Schuld der Pflegekräfte, dass sie ihn nicht minütlich überwachen können.

Aber ich ärgere mich über das fürchterliche Pflegesystem. Wie kann es sein, dass die schlimme Arbeitssituation der PflegerInnen so wenig Beachtung erfährt? Wie es ihnen geht, sollte alle interessieren. Jeder Mensch wird einmal alt – und in den allermeisten Fällen wird er dann auf Pflege angewiesen sein.

Ich bin ein politischer Mensch, war in meinem Leben aber selten auf Demonstrationen. Gäbe es allerdings eine Demonstration für bessere Arbeitsbedingungen für Pflegekräfte, würde ich sofort meinen Mantel anziehen und in meine Schuhe schlüpfen.

Eine Welt ohne dich

ÜBER DEN TAG, AN DEM MEIN MANN STARB

Ich erinnere mich noch daran, wie ich aus dem Fenster schaute und diesen tiefblauen Himmel sah. Ich saß neben Ullis Bett im Krankenhaus und streichelte ihm über den Handrücken. Draußen leuchteten die Blätter in der Herbstsonne.

Mein Mann starb an einem Tag im September. Es war ein langer Weg bis dahin. Ulli litt seit Jahren an Alzheimer. Aber an Alzheimer selbst stirbt man nicht, so gnädig ist diese Krankheit nicht. Nur verschluckte sich Ulli immer häufiger, weil er vergessen hatte, wie man das richtig macht. Das tat seiner Lunge nicht gut. Er kam mit einer heftigen Lungenentzündung ins Krankenhaus.

Niemand will einen geliebten Menschen gehen lassen. Alles in einem sträubt sich gegen den Gedanken, dass es diesen Menschen nicht mehr geben soll. Dass es überhaupt eine Welt ohne diesen Menschen geben kann.

Aber Ulli war so schwach. Er quälte sich. Es hätte noch Maschinen gegeben, an die man ihn vielleicht hätte anschließen können. Aber das wäre selbstsüchtig von mir gewesen, weil er mir zu Lebzeiten immer gesagt hatte, dass er keine lebensverlängernden Maß-nahmen möchte.

Die Ärzte verlegten ihn auf die Palliativstation. Es war mein Wunsch. Ich weiß, dass es auch seiner gewesen wäre. Dort ging es nicht mehr darum, Ullis Leben künstlich auszudehnen, sondern darum, dass er keine Schmerzen mehr hatte. Dass die verbleibenden Tage oder Stunden sanft für ihn verstreichen würden.

An einem Sonntag war schließlich klar, dass ich Abschied nehmen musste. Ullis Haut bekam Flecken. Sein Körper kühlte aus.

Ich hielt Ullis Hand, ich streichelte ihm über den Brustkorb und sagte immer wieder: »Du darfst gehen, ich halte dich nicht.« Ich weiß nicht, ob mein Mann mich gehört hat. Ich weiß nicht, ob er sich allein gefühlt hat in seinen letzten Stunden. Er war es nicht. Ich war da. Später auch unsere Kinder.

Am Sonntagabend atmete er zum letzten Mal. Der Atemzug klang sanft, fast wie ein Streicheln. Tagelang hatte ich ihm die Schmerzen in seinem Gesicht angesehen. Jetzt entspannten sich seine Muskeln.

Der Tod kann grausam sein, wenn er einen Menschen zu früh aus dem Leben reißt. Aber wenn man ein langes, erfülltes Leben hatte, kann er etwas zutiefst Friedliches sein. Erlösung.

Die Pflegerinnen kamen und schoben Ulli aus dem Zimmer, weil sie ihn waschen und umziehen mussten, bevor er ins Leichenhaus kam. Das Krankenhauszimmer hatte einen kleinen Balkon. Ich ging für einen Moment hinaus. Die Sonne stand schon tief am Himmel, ihre Strahlen fielen schräg, die Farben leuchteten noch kräftiger.

Es ist absurd, wie schön die Welt sein kann, wenn im selben Moment doch das Schönste endet. Aber ich bin so dankbar dafür, das Schönste erlebt zu haben.

Wir vermissen ihn gemeinsam

ÜBER DIE PLANUNG EINER TRAUERFEIER

Wenn ein Mensch stirbt, den man geliebt hat, erträgt man den Gedanken daran nicht. Ich versuchte, in kleinen Schritten zu denken: Ich muss nur ertragen, dass ich meinen Mann Ulli bis heute Abend nicht sehe. Ich muss nur ertragen, dass ich ihn bis zum Ende der Woche nicht sehe. Dass ich ihn nie wieder sehen würde, konnte ich mir sowieso nicht vorstellen. Es hätte zu wehgetan.

Wenn ein Mensch stirbt, den man geliebt hat, läuft aber eine Maschinerie an. Es gibt so viele Fragen, die zu klären sind.

Hier ein Auszug der Dinge, die ich nach dem Tod meines Mannes entscheiden musste: Welches Beerdigungsinstitut soll sich um ihn kümmern? Auf welchem Friedhof soll Ulli beerdigt werden? Welcher Pfarrer soll die Trauerfeier halten? Welche Lieder sollen gesungen werden? Was soll auf den Einladungskarten stehen, die den engen Freunden und der Familie geschickt werden? Soll es auch eine Traueranzeige in der Zeitung geben? Habe ich schwarze Klamotten, die schön genug sind, um sie zu Ullis Ehren auf einer Beerdigung zu tragen? Soll es einen Leichenschmaus geben, sind dazu alle eingeladen oder nur die enge Familie? Was soll dort serviert werden, nur Kaffee und Kuchen oder auch etwas Herzhaftes?

Ich bin so dankbar für die Menschen, die mir nahestehen. Denn die Details der Beerdigung zu entscheiden, fühlte sich so kalt und technisch an, dass es mich manchmal überforderte. Ich wollte nicht sagen müssen, ob die Kellner bei dem Leichenschmaus Buttercremetorte, Marmorkuchen oder doch eine Käseplatte servieren sollten. Aber die Menschen, die mich umgaben, lenkten mich, entschieden für mich, orderten Kuchen und Käseplatten und steckten mich in Kaufhäusern in schwarze Hosenanzüge. Dabei redeten sie so sanft mit mir, als wüssten sie, dass ein zu heftiges Wort, eine zu harsch eingeforderte Entscheidung mich zerbersten lassen würde. Wie recht sie hatten.

Ich wollte mich verkriechen. Ich war froh, dass es meine Umwelt und die zu erledigenden Aufgaben nicht zuließen. Den ganzen Tag klingelte das Telefon. Meine Familie wollte wissen, wie es mir geht. Meine Freunde wollten es wissen. Meine entfernten Bekannten auch. Ich legte mir Sätze zurecht, die den Schmerz fassten, aber nicht so schmerzvoll waren, dass die Tränen kamen, wenn ich sie sagen musste. Dass es gut gewesen sei, dass er gehen durfte. Dass er nur noch gelitten hätte. Dass es mir dennoch schwerfiele, mit dem Gedanken zurechtzukommen.

Die Trauerfeier in der Kirche glitt an mir vorüber. Ich spürte die Blicke auf mir, spürte, dass alle meine

Reaktionen beobachteten, aber ich konnte mich nicht auf die Worte des Pfarrers konzentrieren. Ich sah, wie Staubkörnchen im Sonnenlicht schwirrten. Ich sah das Bild meines Mannes an, das sie neben dem Altar aufgestellt hatten. Ich sah die vielen Trauerkränze. Ich dachte an Ulli.

Beim Leichenschmaus achtete ich darauf, mit jedem Gast einige Worte zu wechseln. Es ist eine fast dankbare Aufgabe. Stunden, die man sich nicht vorstellen möchte, verfliegen plötzlich. Ich nahm Gesprächsfetzen wahr, in denen sich Menschen über Ulli unterhielten, über seine Liebe zu Autos, den Aquavit aus der Kühltruhe, den er nach einem wuchtigen Essen immer servierte, über seine Fähigkeit, jedes technische Gerät zu reparieren. Wir waren in der Trauer und im Gedenken an Ulli vereint, und das tröstete mich.

Nach der Trauerfeier wurde Ullis Sarg zum Krematorium gefahren. Mein Mann hatte verbrannt werden wollen. Als es darum ging, eine Urne für ihn auszusuchen, spürte ich, dass ich endgültig aus meiner Lethargie heraus musste. Denn die Urnen, die es bei dem Beerdigungsinstitut gab, waren von einer abgrundtiefen Hässlichkeit. Wuchtige Töpfe aus Marmor oder Edelstahl, die schlimmsten waren mit dicken Engelchen oder Herzen verziert. Kommt nicht in Frage! Es war Zeit, wieder aktiv zu werden und einzuschreiten, damit mein Mann nicht für alle Ewigkeit in einem Topf mit dickem Engel in der Erde liegen muss.

Die hässlichen Designs der Urnen haben mir Kraft gegeben, wieder Entscheidungen zu treffen, so makaber sich das auch anhören mag. Ich fragte den Bestatter, ob es denn vorgeschrieben sei, dass man in einer Urne beerdigt wird. Als er verneinte, ging ich zu einer Gärtnerei und bat die Angestellten, das kleine Gefäß mit Ullis Asche, das sonst in eine Urne gesteckt worden wäre, einfach mit Blumen zu umwickeln. Mit Astern, mit Sonnenblumen, mit etwas, das nach Leben aussah.

Ich bin mir sicher, dass Ulli den Gedanken gemocht hätte.

Mein Glück, dein Glück

ÜBER DEN WERT EHRENAMTLICHER ARBEIT

Nach dem Tod meines Mannes musste ich mit dem Verlust umgehen. Aber gleichzeitig brach auch jede Struktur in meinem Leben weg. Ich hatte morgens keinen Grund mehr, aufzustehen. Schließlich wartete Ulli nicht mehr im Heim auf mich. Ich musste ihn nicht mehr zu Ärzten begleiten oder ins Krankenhaus. Nur nach seinem Tod musste ich noch eine kurze Zeit funktionieren, als es um seine Beerdigung ging. Danach kam die Schwärze. All die Trauer – und die Sehnsucht nach einem guten Grund, morgens aufzustehen.

Ich glaube, dass es vielen so geht, die einen nahen Angehörigen verlieren. Dass sie von einer sehr aktiven Phase, in der sie sich intensiv um den Menschen gekümmert haben, in eine Phase ohne Halt und Struktur rutschen. Nach dem Tod eines geliebten Menschen muss man neu lernen, wie das eigentlich geht: zu leben. Es sind wahnsinnig kleine Schritte. Am Anfang war die Trauer so groß, dass ich das kleine Glück des Alltags nicht mehr sehen wollte. Ich wollte es nicht schön finden, meinen Kaffee zu trinken. Ich wollte es nicht schön finden, ein gutes Buch zu lesen. Ich wollte einfach nur meinen Mann zurückhaben.

Die Schwärze fühlt sich wie ein Sog an, der alles Schöne aus dem Leben zieht. Aber wer sich nicht in das Gefühl fallen lässt, sondern langsam, aber stetig die Schwärze aus seinem Leben verbannen möchte, wird belohnt. Sie bekommt Risse, die das Licht hereinlassen. Ich hatte das Glück, von vielen kleinen Abrissbirnen umgeben zu sein, die die Schwärze ganz zum Einsturz bringen lassen wollten. Von meiner Familie. Meinen Freunden. Und einer Bekannten, die zu einer Schlüsselfigur wurde.

Ich kannte die Frau nur vom Grüßen, sie wohnte in meiner Nachbarschaft. Ein paar Wochen nach dem Tod meines Mannes klingelte sie an meiner Wohnungstür. Mit einem Stück Kuchen in der Hand kam sie in den Flur und setzte sich schließlich an meinen Esstisch. Und dann stellte sie die Frage, die vieles von der Schwärze aus meinem Leben tilgte: Ob ich mir nicht vorstellen könne, genau wie sie selbst ehrenamtlich in dem kleinen Geschäft zu arbeiten, das fair gehandelte Produkte anbietet?

In meiner Trauer war es eine Überwindung, ja zu sagen und wieder am Leben teilzunehmen. All die Sinneseindrücke der neuen Aufgabe auf mich einprasseln zu lassen, statt mich zu verkriechen. Aber die Aufgabe brachte mir etwas, das ich in meinem Leben schmerzhaft vermisst hatte: eine feste Struktur. Ich wusste, an welchen Vormittagen ich im Laden erwartet wurde. Dass ich mit meiner Arbeit dort etwas Sinnvolles erreichen würde und meine Kolleginnen und Kollegen sich auf mich freuen würden.

Der Tod meines Mannes liegt jetzt einige Jahre zurück. Mittlerweile habe ich gelernt, mit den Momenten der Einsamkeit besser umzugehen. Aber ich bin mir sicher, dass vieles davon ein Verdienst dieser Entscheidung ist: mich ehrenamtlich zu engagieren und mir damit eine Aufgabe zu geben, die mir durch die Zeit ohne Halt half.

Ich kann nur alle Menschen ermuntern, sich im Alter eine Aufgabe zu suchen, bei der sie die schönsten Seiten ihres Wesens zeigen können. Bei der sie ihre Erfahrungen und ihr Wissen teilen können, sich als Mensch gesehen und nicht unsichtbar fühlen. Es gibt viele Möglichkeiten, sich ehrenamtlich zu engagieren: bei der Tafel zu helfen zum Beispiel, einsame Menschen im Altenheim zu besuchen und einfach für sie da zu sein, sich um Kinder zu kümmern, die selbst keine Großeltern mehr haben und deren Eltern mehr Unterstützung brauchen, sich im Tierheim zu engagieren, sein handwerkliches Geschick in Reparaturwerkstätten einzusetzen oder, wie in meinem Fall, eben sein gutes soziales Gespür in einem Laden, der auf fairen Handel achtet.

Ich kann gar nicht in Worte fassen, wie dankbar ich der damals nur entfernt bekannten Frau dafür bin, dass sie mir an diesem schwierigen Punkt in meinem Leben gezeigt hat, wie viel Leben eigentlich noch auf mich wartet. Ich habe in dem Laden neue Freundinnen und

Freunde gefunden, die so spannende Leben haben, dass die gemeinsame Schicht gar nicht zum Ratschen reicht. Hinzu kommen die Begegnungen mit den Kunden – im Laden zu arbeiten, ist eine Aneinanderreihung schöner Momente, die mich glücklich machen.

Gerade bauen meine Augen immer weiter ab, und ich weiß nicht, wie lange ich noch die Kasse im Laden bedienen kann. Aber wenn das eines Tages nicht mehr gehen sollte, werde ich mir eine neue Aufgabe suchen, die mir Glück bringt. Ich will nicht zu Hause sitzen und auf mein Ende warten. Sondern Freunde kennenlernen, die Welt auf mich einprasseln lassen und all die kleinen Abenteuer des Alltags erleben.

Die lieben Mödele

Ich frühstücke immer das Gleiche. Es ist egal, ob ich in meiner Küche sitze oder in einem Café in Rom: Ich möchte bitte einen schwarzen Kaffee und einen Naturjoghurt, mit dem ich meine Tabletten gut schlucken kann. Ich liebe den klaren, einfachen Geschmack. Ein frischgepresster Orangensaft? Selbstgemachtes Müsli? Ein ofenwarmes Croissant? Können mir gestohlen bleiben.

Mit meinen einfachen Frühstücksvorlieben stoße ich immer wieder Menschen vor den Kopf, die wissen, wie experimentierfreudig ich bei anderen Mahlzeiten bin, und mir deswegen auch zum Frühstück etwas Besonderes servieren wollen. Wer extra für meinen Frühstücksbesuch einen besonders guten Bergkäse kauft, findet es bestimmt schwer nachvollziehbar, warum ich mich erst bedanke und dann mit dem Kopf schüttle. Aber ich bin Frühstückspurist, es ist die einzige Mahlzeit am Tag, bei der ich keine Lust auf Abwechslung habe. Mittags nehme ich den Bergkäse dann gern. Oder vietnamesisch. Oder israelisch. Oder …

Meine klaren Frühstücksvorlieben sind nur ein Beispiel für all die Marotten, die sich bei mir festgefressen haben. Je älter ich werde, desto entschiedener werde ich auch darin, was ich mag und was ich nicht mag. Ich hatte ja genügend Jahre, um mich und meine Vorlieben kennenzulernen. Das hat zur Folge, dass ich immer besser darin werde, auf mich selbst zu hören und zu ignorieren, was andere deswegen von mir denken könnten. Aber gleichzeitig habe ich eben immer mehr »Mödele«, wie meine schwäbische Großmutter zu Marotten und Eigenheiten sagte.

Ich war vor kurzem an einem Freitagabend mit Bekannten aus. Wir waren in einer sehr lauten Gaststätte. Das verträgt sich nicht gut mit meinen alten Ohren. Wenn ich mein Gegenüber verstehen wollte, musste ich mich jedes Mal nach vorn beugen, und selbst dann konnte ich die Gesprächsfetzen nur erahnen. Nach einer halben Stunde reichte es mir. Ich wollte mich so verhalten, dass ich den Abend genießen konnte. Also gab ich auf, lehnte mich in meinem Stuhl zurück, steckte mir die leckeren Kloßstückchen mit der Gabel in den Mund, beobachtete die anderen Gäste und hörte das Brummen der Wirtshausgeräusche. Auf einmal fühlte ich mich wieder wohl, geborgen in diesem lauten, dröhnenden Raum – aber nur, weil ich aufgehört hatte, dagegen anzureden. Natürlich hätte es der Anstand von mir erfordert, mich weiter mit dem Oberkörper quasi auf den Tisch zu legen, um die anderen zu verstehen und am Tischgespräch teilzunehmen. Aber ich finde, ich habe mir im Alter das Recht verdient, auf meine Eigenheiten zu hören und Situationen so zu gestalten, dass sie mir Freude bringen.

Früher war es ganz anders. Ich war biegsam in meinem Charakter und passte mich an, damit alle Situationen möglichst angenehm verliefen. Wenn ich bei einer Tischrunde einen anstrengenden Gesprächspartner hatte, zog ich den Abend trotzdem mit einem Lächeln durch, selbst wenn mir jemand 30 Minuten lang einen Spielfilm nacherzählte. Heute ertrage ich solche Monologe nicht mehr und sage ziemlich schnell, dass mich das Fernsehprogramm nicht sehr interessiert. Vielleicht denkt dieser eine Mensch dann, dass ich eine schlechte Gesprächspartnerin bin. Aber dann soll er das halt denken.

Ich merke in meinem Umfeld, dass ich nicht die Einzige bin, der es so geht. Freunde, die früher sparsam waren, sind jetzt nahezu geizig. Bekannte, die früher konservativ waren, glauben plötzlich an Verschwörungstheorien (ja, da rede ich entschieden dagegen, so etwas kommt mir nicht durch). Leute, die früher schon viel über ihr gesundheitliches Wohlbefinden erzählt haben, reden plötzlich nur noch über Krankheiten. Und Menschen, die schon immer eher offen waren, erzählen sehr genau von ihren Körperfunktionen und manchmal sogar -ausscheidungen.

Das Schöne ist: Das Gleiche passiert mit den guten Eigenheiten. Eine verstorbene Freundin von mir war schon immer ein fröhlicher Mensch, aber ihre Zuversicht und Liebe zum Leben wuchsen im Alter noch weiter. Obwohl sie eigentlich immer kränker wurde, begrüßte sie mich mit einem fröhlichen Gurren und schwärmte von den Jahreszeiten und ihrem Mittagessen.

Meine Lust auf das Leben ist im Alter ebenfalls weiter gewachsen. Ich war schon immer neugierig, heute ist es fast zu einer Sucht geworden, dass ich neue Städte sehen möchte und überhaupt möglichst viel von dieser Welt. Und ich sehe das Glück im Alltag viel mehr. Wenn ich spazieren gehe und der Wind um mich herum pustet und die Landschaft weit und offen vor mir liegt zum Beispiel. Oder wenn ich in einem Konzert sitze und breit lächle, weil es sich anfühlt, als würden all diese großartigen Musiker nur für mich spielen. Wer in seinem Leben ein Gespür für das kleine Glück hat, hat im Alter bessere Chancen, es immer wieder zu finden.

Einmal übers Meer

ÜBER EINE FERNREISE IM ALTER

Besonders gut kann ich mich an die Geräusche in der Nacht erinnern. Ich lag auf meiner weichen Matratze in diesem Häuschen in Kolumbien und hörte, wie dröhnend der Fluss rauschte. Wie ab und zu eines der Äffchen kreischte. Wie die Insekten zirpten und brummten. Wenn die Vögel dann in den Morgenstunden pfiffen, schlug ich die Bettdecke zur Seite. Ich wollte den Sonnenaufgang nicht verpassen. Ich schlüpfte in eine Stoffhose und ein weites Oberteil und lief auf den Hügel hinter dem Haus. Dort sah ich zu, wie sich mit dem Sonnenaufgang das Licht die Berge hinab ins Tal tastete.

Vor einigen Jahren wagte ich etwas, vor dem ich mich – wenn ich ehrlich bin – ziemlich gefürchtet habe. Eine Fernreise nach Südamerika. Meinen ersten Flug über den Atlantik. Aber eben nicht als junge Studentin mit einem Rucksack. Sondern als Rentnerin mit einem Rollköfferchen.

Mein Enkel lebt seit etwa zehn Jahren in Kolumbien. Er hat dort ein Hotel und kann dementsprechend selten nach Deutschland kommen. Ich litt darunter, ihn so selten zu sehen. Und ich litt darunter, mir seinen Alltag überhaupt nicht vorstellen zu können. Wenn ich mitbekam, dass er auf seinem Grundstück gerade eine Hängebrücke über den Fluss baute, klang das für mich wie aus einem Spielfilm, weil es so weit weg von meinem doch eher behüteten Kleinstadtleben war.

Als einige aus meiner Familie den Plan fassten, meinen Enkel in Kolumbien zu besuchen, schloss ich mich ihnen an. Ich konnte und wollte nicht anders. Eine Oma zu sein bedeutet manchmal eben auch, mutiger sein zu müssen, als man sich eigentlich fühlt. Weil man seine Grenzen hinter sich lassen muss, um den Anschluss an das Leben seiner Enkel nicht zu verlieren. Das kann eine kleine Dosis Mut sein – Mut, sich auf neue Technik einzulassen, damit man die Welt seiner Enkel ein bisschen versteht zum Beispiel. Oder wie in diesem Fall eine deutlich höhere Dosis, die notwendig war, um einen Koffer für Kolumbien zu packen.

Ich bin eine Freundin von Abenteuern wie der Reise nach Rom mit meiner Enkelin. Aber eine Fernreise ist noch einmal eine andere Nummer. Ich wusste, dass der Flug körperlich viel herausfordernder werden würde als ein Flug innerhalb Europas. Ich wusste auch, dass das Klima und die Höhe auf meinen Kreislauf schlagen könnten. Und ich wusste gleichzeitig, dass ich dabei war, etwas ganz Neues kennenzulernen. Also bestand mein Urlaubsgefühl zu zwei Dritteln aus Angst und zu einem Drittel aus unfassbarer Vorfreude. Am Ende doch eine gute Mischung.

Ich bereitete mich gewissenhaft vor, kaufte Stütz-strümpfe, legte mir eine enorme Reiseapotheke zu und zählte die wichtigen Tabletten für mein Herz und mein Blut genau ab. Und dann ließ ich mich auf das Abenteuer ein.

Bis zu dieser Reise kannte ich nur – sagen wir – etwas weniger ambitionierte Urlaube. Meine allererste Reise war als Kind eine Zugfahrt zu meiner schwäbischen Verwandtschaft – und zwar mit einer Dampflok. Ich weiß noch, wie ich begeistert das Fenster herunter-schob, den Kopf rausstreckte und – batsch – schwarzen Ruß im Gesicht hatte. Trotzdem fand ich die Zugfahrt so beeindruckend, dass mein Traumjob noch einige Jahre Klofrau im Zug war (die gab es damals). Weil ich es mir so toll vorstellte, den ganzen Tag durch Deutsch-land zu fahren.

Lange Zeit blieben die Zugfahrten die einzigen Rei-sen, die ich unternahm. Bis mich mein Vater als Jugend-liche mit dem Auto nach Sylt mitnahm. Ich übernach-tete zum ersten Mal in einem Hotel und fühlte mich wahnsinnig wichtig. Das Hotel sah aus wie heute nur noch einige Grand Hotels: viel Gold, viel Pomp, bogen-förmige Markisen über den Fenstern. Meine Enkelin würde sagen: wie aus einem Wes-Anderson-Film. Ich war fasziniert von den weichen Handtüchern und dem Frühstück, bei dem ich sagen durfte, wie meine Eier zubereitet werden sollten. Aber der wahre Hauptdar-steller dieses Urlaubes war natürlich: das Meer. Ich sah es damals zum ersten Mal und eigentlich war darauf zu schauen auch das Einzige, das ich die ganze Woche lang machen wollte. Ich kuschelte mich mit einer Decke in einen Strandkorb, nippte an einer Tasse mit Hühnerbrühe (die wurde damals am Strand verkauft) und schaute auf die Wellen.

Zum Abitur schenkten mir meine Eltern dann einen hellen Lederkoffer. Sie wussten, wie sehr ich das Reisen liebte. Sie kannten mich gut. Das Erste, das ich nach dem Abitur machte, war nämlich: mit Freunden nach Italien zu fahren. Wir hatten eine kleine Ferienwohnung, kochten abends riesige Portionen Spaghetti und fuhren tagsüber an den Strand. Dort fläzten wir in unseren Speedos und selbstgenähten Bikinis (man musste damals als Frau relativ geschickt mit der Nähmaschine umgehen können, weil das Angebot in den Läden – Badeanzüge mit viel Stoff – überhaupt nicht der Mode – möglichst viel Bauch zeigen dank Bikini – entsprach).

In diesem Urlaub lernte ich auch meinen späteren Mann Ulli kennen. Wenn ich genauer darüber nachdenke, ist es fast schon ein Wunder, dass ich mich damals in ihn verlieben konnte. Denn um schneller braun zu werden, rieb er sich in dem Urlaub mit Öl ein – mit Olivenöl, genau genommen, weil er nichts anderes dahatte. Schon nach wenigen Stunden in der Sonne roch er ranzig. Aber gut, die Liebe überwindet eben auch Hindernisse.

Auch in unserem späteren Eheleben blieben die Urlaube bescheiden. Meistens fuhren wir mit dem Auto zu Freunden an die dänische Küste, ganz selten begleitete ich meinen Mann auf Geschäftsreisen mit dem Flugzeug in europäische Städte. Das Fliegen an sich war damals eine viel gewichtigere Angelegenheit. Man flog im Anzug oder als Frau in einem Outfit, das ziemlich nah an Jackie Kennedys Kostümchen herankam.

Für meinen Flug nach Kolumbien sah ich das nicht ein und zog mir eine bequeme Hose an. Es war eh schon alles anstrengend genug, da muss nicht stundenlang ein enger Rockbund in meinen Bauch drücken. Aber modisch gesehen habe ich damit viel besser zu meinem Umfeld gepasst. Am Flughafen und später dann im Flieger sah ich viele Menschen in Jogginghosen. Ich kann das nur begrüßen, es reist sich wirklich deutlich angenehmer. Auch das Unterhaltungsprogramm hat sich verbessert. Früher rauchten und lasen die Menschen. In dem Flugzeug nach Kolumbien hatte ich einen eigenen (!) Fernseher im Sitz vor mir und konnte mir Filme auswählen.

Und Kolumbien selbst? Traumhaft. Es lohnt sich wirklich, seine Angst zu überwinden. Ich sah, wie wunderschön mein Enkel lebt, mit seinem Grundstück an den Ausläufern der Anden und mit den kleinen Hüttchen, die auf dem Anwesen verteilt sind. Ich aß Obst und hatte das Gefühl, zum ersten Mal in meinem Leben wirklich Obst zu essen. Wie Mangos, Bananen und Maracujas schmecken können! Und dann diese wundervollen Klänge in der Nacht, diese Sonnenaufgänge!

Sollte ich noch einige Jahre lang gesund bleiben, möchte ich noch einmal nach Kolumbien fliegen. Und ich freue mich für alle jungen Menschen, wie einfach es geworden ist, die Welt zu sehen. Ich glaube, dass Reisen zu einer Offenheit führt. Wir können endlich Weltbürger sein – und hoffentlich auch mit dieser Haltung miteinander umgehen.

Der Grabstein-Wettbewerb

ÜBER EINEN WETTSTREIT AUF DEM FRIEDHOF

Es gab in meiner Kindheit einen Termin, bei dem man sehen konnte, was sich alle Dorfbewohner in den letzten Monaten an Klamotten gekauft hatten: Allerheiligen. Auch ich sah nie hübscher aus als auf dem Friedhof. Meine Mutter bürstete mir die Haare besonders gründlich, steckte sie hoch und erlaubte mir, den Plisseerock zu tragen, den ich sonst nur an Familienfesten und an meinem Geburtstag anziehen durfte. Zwischen den Gräbern stolzierten unsere Nachbarn wie Teilnehmer einer Modenschau. Hier der neue Wollmantel, da die neuen Lederschuhe aus Italien. Man muss die Gelegenheit doch nutzen, wenn das ganze Dorf zusammenkommt und man mal zeigen kann, was man hat. Und wenn es auf einem Friedhof ist.

Ich fürchte, dass Wettbewerbe etwas zutiefst Menschliches sind. Vielen geht es im Leben nur darum, nach außen zu signalisieren, dass man gut zurechtkommt. Mit Autos, Häusern, Urlaubsfotos und Geschichten vom Kind, das mit vier Jahren schon lesen kann. Der letzte Schauplatz dieses Wettbewerbs ist der Friedhof. Wer schaut wie häufig bei den Gräbern vorbei? Wer hat die aufwendigste Blumenbepflanzung? Und ganz entscheidend: Wer hat den größten Grabstein? Es ist ein Wettbewerb zwischen den Angehörigen, nicht zwischen den Toten. Denn die werden ja auch von den Begonien auf ihrem Grab nicht wieder lebendig.

Der Friedhof in meinem Heimatdorf sah irgendwann nahezu lächerlich aus. Man konnte an den Grabsteinen schon aus der Ferne erkennen, in welcher Reihenfolge die Menschen gestorben waren. Die ältesten Grabsteine waren dezent und hüfthoch. Dann setzte jede Familie ein paar Zentimeter drauf, wenn einer ihrer Angehörigen starb. Man lässt sich doch nicht lumpen. Das schaukelte sich hoch, bis die Grabsteine eine Art Skyline bildeten.

Es gibt in Deutschland Friedhofsverordnungen, die die maximale Höhe der Grabsteine festlegen. Ich glaube, dass der erste Verfasser einer Friedhofsverordnung ein weiser Mann war, der den Charakter seiner Mitmenschen gut einschätzen konnte. Natürlich hatten alle Angehörigen, die Wolkenkratzer-Grabsteine aufgestellt hatten, genau diese Friedhofsverordnung ignoriert. Als ihm die Grabsteine bis zur Schulter reichten, hatte unser Pfarrer genug: Alle Familien mit einem zu hohen Grabstein mussten diesen vom Steinmetz kürzen lassen. Die meisten entschieden sich dazu, den Grabstein unten zu kappen, weil oben ja die Engelchen, Kreuze und Inschriften sind. Nach dem Wutanfall des Pfarrers waren im Tod wieder alle gleich.

Manche Angehörigen nutzen nicht nur prächtige Grabsteine, sondern auch eine besonders pflegeintensive Bepflanzung, um das Grab ihres Angehörigen schön zu gestalten. Aber egal, wie hübsch oder vermeintlich einfach es bepflanzt ist: Man sieht einem Grab nicht an, ob derjenige, der darin liegt, geliebt wurde. Ich habe Freundinnen, die die Trauer nach dem Tod ihres Mannes nahezu auffrisst. Einige haben Efeu auf das Grab gepflanzt und schauen nur alle paar Monate vorbei, andere setzen zu jeder Jahreszeit passende Blumen ein und kommen täglich. Ob man den Friedhof als Ort und Ritual der Trauer mag oder nicht, ist eine sehr persönliche Angelegenheit. Manchen geht es aber um die Außenwirkung.

In meinem Heimatdorf gibt es einen Mann, der immer gehässig über seine Mutter geschimpft hat. Jetzt ist sie gestorben. Ihr Grab ist ganz frisch, der Grabstein steht noch nicht. Ich bin mir sicher, dass der Steinmetz gerade einen sündhaft teuren aus Marmor bearbeitet.

Die neuen Väter

ÜBER DIE ETWAS GLEICHBERECHTIGTERE ERZIEHUNG

Ich weiß noch, wie ich meinen ältesten Enkel am Tag nach seiner Geburt im Arm hielt. Er hatte einen hellblonden Flaum auf seinem Kopf, eine winzige Stupsnase, darüber zwei riesige blaue Augen, mit denen er seine Umwelt beobachtete. Er war wundervoll. Und er machte mich zu einer Oma.

Drei Jahrzehnte später machte er mich zu einer Uroma. Seine Frau und er haben einen Jungen bekommen, der genauso aussieht wie mein Enkel früher als Kind. Ich liebe es, seine kleine Familie zu sehen. Denn zu beobachten, wie mein Enkel mit seinem Kind umgeht, macht mich sehr glücklich.

Während der doch eher langen Zeitspanne, die ich nun schon lebe, hat sich einiges zum Besseren verändert. Auch, dass Männer jetzt oft aktive Väter sind. Väter, die mit ihren Kindern etwas unternehmen, sie wickeln und die Kinderwagen schieben.

Um zu verdeutlichen, wie anders das in meiner Zeit als junge Mutter in den sechziger Jahren war, reicht schon eine kleine Anekdote von der Geburt unseres Sohnes. Männer waren früher nicht bei ihrer Frau im

Kreißsaal – und meistens nicht einmal im Krankenhaus. Mein Mann fuhr mich hin, als die Wehen einsetzten, wartete, bis ich mein Zimmer bekommen hatte, und fuhr dann zu seiner Arbeit. Nicht weil er ein herzloser Mensch war – sondern weil es gesellschaftlich überhaupt nicht als Option galt, als Mann nicht zur Arbeit zu erscheinen, weil die Frau ein Kind zur Welt brachte. Auch im Krankenhaus wäre es nicht erlaubt gewesen, sie hätten meinen Mann vermutlich sogar hinausgeworfen. Also erhielt er überhaupt erst nach Dienstende die Nachricht, dass seine Frau einen gesunden Sohn zur Welt gebracht hat.

An sich glaube ich aber, dass Ulli gerne ein aktiverer Vater gewesen und in der heutigen Zeit sehr glücklich geworden wäre. Er hielt sich nämlich nicht an die gesellschaftlichen Konformitäten. Anders als fast alle Väter, die ich kannte, wickelte er auch mal seine Kinder. Und wenn wir spazieren gingen, schob er den Kinderwagen, egal, wie irritiert die Frauen und Männer auf der Straße schauten (ja, nicht einmal das war üblich).

In den Erziehungsratgebern der damaligen Zeit ging es vor allem darum, wie man als Mutter seine Kinder dazu bringt, möglichst ruhig, ausgeglichen und fröhlich zu sein, wenn der Vater vom anstrengenden Arbeitstag nach Hause kommt. Er sollte die Familie als etwas Angenehmes, nicht als etwas Anstrengendes empfinden. Das muss man sich mal vorstellen: Die Frauen sollten das Haus wischen, das Abendessen kochen, die Windeln und deren Inhalt auf magische Weise verschwinden lassen und gut gebürstete, gut duftende Kleinkinder den Vätern auf den Schoß setzen. Klingt nach glücklicher Familie.

Heute sehe ich bei meinem Enkel und seiner Frau, dass Frauen vollkommen zu Recht davon ausgehen, dass Männer die Hälfte der Aufgaben erledigen. Dass sie genauso trösten können, wenn das Knie aufgeschlagen ist, und Windeln wickeln sowieso. Es ist der erste Schritt in die richtige Richtung. Von einer wirklich fairen gleichberechtigten Erziehung sind die meisten Paare trotzdem noch weit entfernt, fürchte ich. Immer noch gibt es viele Ungerechtigkeiten – zum Beispiel ungleiche Elternzeit oder die oft sehr ungleich verteilte emotionale Arbeit, das Familienleben zu planen und zu managen. Aber zu sehen, wie weich und liebevoll Männer sich heute der Aufgabe annehmen, lässt mich hoffen, dass spätestens meine Urenkel und ihre zukünftigen Partner oder Partnerinnen auch diese Ungleichheiten nicht mehr hinnehmen werden.

Ein sehr altes Geburtstagskind

ÜBER GEBURTSTAGE MIT HOHEN ZAHLEN

Der schönste Moment an meinen Geburtstagen dauert nicht lange. Es sind fünf Minuten, höchstens, aber ich liebe sie. Den Augenblick, wenn ich an meinem Geburtstag aufwache, aber nicht gleich aufstehe. Sondern mit Vorfreude im Bett liege und den Tag durchgehe. Wer wohl alles an mich denken wird, wer vorbeischauen wird, wer mich umarmen wird. Geburtstage fühlen sich so an, wie sich sehr narzisstisch veranlagte Menschen vielleicht immer fühlen: als würde sich an diesem einen Tag die ganze Welt um dich drehen.

Ich habe im späten Herbst Geburtstag. Und feiere inzwischen Zahlen, die so hoch sind, dass viele Grundschulkinder gar nicht so weit zählen können. Und für die man einen ziemlich großen Kuchen bräuchte, um Platz für all die Kerzen zu haben.

Manchmal denke ich, dass es absurd ist, in meinem Alter zu einem Geburtstagsfest einzuladen. Denn alle Traditionen sind auf – die Formulierung verrät schon viel – Geburtstagskinder ausgerichtet. Es gibt viel Aufmerksamkeit, hübsch verpackte Geschenke und Süßigkeiten. Das macht den Tag großartig für Kinder, die sich von ihrem Taschengeld nicht so viele Videospiele und Schokoladentafeln kaufen können. Dafür nehmen es die Kinder auch in Kauf, die bucklige Verwandtschaft zu Kaffee und Kuchen einzuladen. Aber was soll ich da sagen? Ich hätte genügend Geld für Videospiele und Schokolade. Und ich habe in ein paar Jahren vielleicht selbst einen Buckel.

Als ich ein Kind war, habe ich den Tag aus den gleichen Gründen geliebt wie Kinder heute. Ich bin 1939 geboren, meine ersten Geburtstage feierten wir also während des Krieges. Alles war knapp. Aber an diesen Tagen gab es Kuchen. Es war meistens ein Kuchen, der heute nur noch sehr selten gebacken wird: Königskuchen, ein heller Napfkuchen mit vielen Rosinen und anderen Trockenfrüchten. Weil wir auf dem Land wohnten, lebten während des Krieges einige Kinder aus unserer Verwandtschaft bei uns. Ihre Eltern hatten sie aus den Städten zu uns geschickt, damit sie vor den Bomben in Sicherheit waren. Ich musste also nicht groß Kinder einladen, es waren an sich schon so viele da, dass es sich nach einer Kindergeburtstagsfeier anfühlte.

Jedes Jahr bekam ich ein Geschenk. Einmal war es ein Huhn, das Eier für mich legen sollte. Die Leute dachten damals sehr praktisch, sie mussten das ja auch. Über die Jahre bekam ich aber auch etwas kindgerechtere Geschenke. Meine Mutter überreichte mir Puppen oder Stofftiere. Aber am meisten freute ich mich, als sie mir das Buch »Pu der Bär« schenkte. Die Seiten waren gräulich und hatten eine feste Struktur. Das Papier war in diesen Jahren knapp, also wurde alles auf eine Art schlechtes Recyclingpapier gedruckt. Aber ich liebte die Geschichte von Pu abgöttisch. Jahre später verschenkte meine Mutter mein Buch einfach an ein anderes Kind, ohne mich zu fragen. Mein Ehemann suchte jahrelang nach einer alten Ausgabe für mich. Sie steht jetzt immer noch in meinem Bücherregal.

Wenn ich darin blättere, wird mir klar, wie lange das alles her ist. Wie lange ich schon lebe. Darf ich mich im Alter also immer noch wie ein Geburtstagskind fühlen? Darf ich immer noch das Gefühl herbeisehnen, morgens im Bett zu liegen und mich darüber zu freuen, dass die ganze Welt sich um mich drehen wird?

Ich habe beschlossen: Ja, ich darf. Ich will meine Geburtstage feiern, weil ich damit auch mein Leben feiere, all die Momente, in denen ich lachte, liebte, weinte, umarmte. Und weil ich alt bin und weil man alten Leuten jedes komische soziale Verhalten verzeiht, muss ich mir auch keinen großen Kopf mehr um meine Feier machen. Ich habe schon so viele rauschende Geburtstagsfeiern ausrichten müssen für meine Kinder, so viele Kerzen in Kuchen gesteckt, dass ich es selbst nun unkompliziert will. Ich werde einen großen Topf Suppe kochen, einen Kuchen auf den Tisch stellen und dann schauen, wer alles vorbeikommt. Um mit mir auf dieses wunderschöne Leben anzustoßen.

Bitte keine Staubfänger

ÜBER PASSENDE GESCHENKE FÜR SENIOREN

Ich muss immer ein bisschen schmunzeln, wenn mir meine Enkel kurz vor Weihnachten die Geschenktüten überreichen. Ich brauche die Tüten nicht zu öffnen, um zu wissen, was darin ist. Meine erwachsenen Enkel schenken mir Wein, gutes Duschgel oder Schokolade, das ist immer so. Und es gibt eine einfache Erklärung, warum sie mir damit trotzdem immer eine große Freude bereiten.

Je älter ein Mensch wird, desto schwieriger ist die Frage, was man ihm schenken soll. Denn die Dringlichkeit von Wünschen verändert sich mit jeder Lebensphase. Kinder haben Wünsche, die sie sich selbst nicht erfüllen können, sie brauchen Anlässe wie Weihnachten und den Geburtstag. Ein Computerspiel, ein Puppenhaus, große Duplo-Sets, solche Dinge. Junge Erwachsene, in diese Kategorie fallen meine Enkel, wünschen sich Dinge, die sie sich vielleicht gerade so leisten könnten – für die sie sich dann aber anderes verkneifen müssten, damit am Ende des Monats der Kontostand wieder passt. Einen guten Rucksack für Wochenendausflüge mit Freunden zum Beispiel. Bei Erwachsenen wird es eng. Jetzt kann man nur noch Sachen schenken, die der andere mag, bei dessen Kauf er aber ein schlechtes Gewissen hätte: ein teures Parfüm, einen guten Ledergeldbeutel.

Dann kommen die Senioren als größte Herausforderung für alle Schenkenden. Denn sie besitzen bereits alles, was sie mögen oder brauchen. Ich muss mich dafür nur in meiner Wohnung umschauen: Ich habe jedes technische Gerät, das ich im Alltag benutze, zu viele schöne Vasen und Möbel sowieso. In meinem Kleiderschrank stapeln sich die Lieblingsteile aus fast acht Jahrzehnten Leben. Und als jemand, der seinen Hausstand schon zweimal für einen Umzug halbieren musste, möchte ich gar nicht mehr so viel anhäufen.

Ich kann also verstehen, warum so viele jüngere Menschen ein Problem haben, ein einfallsreiches Geschenk für ihre Großeltern oder Eltern zu finden. Ich habe mit meinen Kindern deswegen einen Nichtangriffspakt vereinbart, wie ich es nenne. Sie schenken mir nichts, nur um mir etwas zu schenken, und umgekehrt genauso. Bei meinen Enkeln ist es anders, ich weiß, dass sie meinen Weihnachtszuschuss zu einem Smartphone oder einem guten Rucksack einfach noch brauchen. Dass sie mir im Gegenzug ebenfalls etwas schenken wollen, verstehe ich.

Zum Glück wissen meine Enkel, was ein gutes Geschenk für mich ausmacht: Es muss vergänglich sein – also nichts, für das ich in meiner kleinen Wohnung einen Platz suchen muss. Und es muss mir Genuss bringen.

Schon bin ich glücklich. Ein Hoch auf den Hedonismus. Hier eine unvollständige Liste der Geschenke, die diese beiden Punkte erfüllen: Wein, Schokolade (aber bitte dunkle), eine gute Salami, ein würziger Bergkäse, Blumen, Konzertkarten und Bücher, wenn ich sie nach dem Lesen weiterverschenken darf.

Stille Nacht

Ich werde an Heiligabend eine Flasche Wein entkorken. Dann werde ich mich mit einem Glas auf das Sofa setzen und lesen. Um kurz nach acht Uhr werden meine Enkel anrufen und sich für die Geschenke bedanken. Ich werde ihnen fröhliche Weihnachten wünschen. Danach werde ich aufstehen, die Balkontür öffnen und die Winterluft hereinlassen, die die Wärme in meiner Wohnung zerschneiden wird. Mit der Kälte wird die Stille in die Wohnung strömen. Es gibt kaum einen Abend, an dem sie dichter und greifbarer ist als an Weihnachten. Es sind keine Schritte zu hören, niemand läuft durch die Straßen. Wer eine Familie hat, sitzt mit ihr gemeinsam vor dem Weihnachtsbaum. Wer keine Familie hat, sitzt allein vor dem Nichts. Stille Nacht, heilige Nacht.

Weihnachten ist ein schönes Fest für alle, die glücklich sind. Es ist ein Fest, das die Liebe feiert – egal, ob es um die Liebe Gottes geht oder um das Glück, von Menschen umgeben zu sein, die man liebt. Aber Weihnachten schreit einem auch ins Gesicht, dass man glücklich zu sein hat. Das macht es umso greifbarer, wenn etwas im Leben nicht passt. An vielen Tagen ist es leicht, sich selbst zu belügen und so zu tun, als wäre alles in Ordnung. Weihnachten kratzt diesen Selbstschutz weg, sodass nur noch der Schmerz bleibt. Wer einsam oder unglücklich ist, fällt an Heiligabend in ein Loch.

Mein Mann Ulli ist vor sechs Jahren gestorben. Am Ende seines Lebens hat er gelitten. Ich weiß, dass es gut ist, dass er gehen durfte. Genauer gesagt, weiß ich das an jedem Tag, außer an Weihnachten. Dann überschwemmt mich die Sehnsucht nach ihm. Heiligabend ist für mich wie eine Erinnerung in meinem Kalender, daran, dass mein Leben einmal ganz anders war.

Mein Mann und ich haben das Fest so geliebt. Seitdem wir uns kannten, haben wir ein riesiges Brimborium daraus gemacht. Am Anfang unserer Ehe hatten wir sehr wenig Geld. Aber im Dezember sparte ich das Haushaltsgeld und kochte fast nur noch Kartoffeln mit Gemüse, damit wir uns einen schönen Weihnachtsbaum leisten konnten. Keine halbnackte Fichte, sondern einen Baum mit buschigen Zweigen, an die ich besonders viele Kerzen stecken konnte.

Wenn unsere Kinder ins Bett gegangen waren, zündete ich die Kerzen ein zweites Mal an, nur für Ulli und mich. Das Wohnzimmer roch nach Bienenwachs und Tannenzweigen. Wir saßen nebeneinander auf dem Sofa und schauten auf die Lichtflecken, die die Kerzen in die Dunkelheit zeichneten. Es waren die schönsten Momente unserer Ehe. Wir mussten kein Wort sagen, wir wussten beide, was der andere spürte.

Je älter wir wurden, desto höher und buschiger wurden unsere Weihnachtsbäume. Mein Mann machte einen Wettstreit daraus, für mich den schönsten Baum zu finden. Im Alter wurde das sogar noch leichter: Wir zogen in eine Wohnung, deren Fenster auf einen Platz hinausgingen, wo Christbäume verkauft wurden. Wenn die Händler die ersten Bäume von den Transportern entluden, spähten mein Mann und ich die Ware aus. Sobald wir einen besonders schönen Baum entdeckt hatten, schlüpfte mein Mann in seine Schuhe und eilte nach unten.

Seit seinem Tod möchte ich keinen Weihnachtsbaum mehr, nur noch einen kleinen Tannenzweig in einer Vase, an den ich unsere Lieblingskugeln von früher hänge. Und seitdem möchte ich Heiligabend alleine verbringen.

Ich habe das riesige Glück, dass mich meine drei Kinder alle gerne einladen würden. Und ich weiß, dass mich meine Enkel und Urenkel an dem Abend gerne sehen würden. Aber ich will das nicht, denn ich will ihnen Weihnachten nicht verderben. Weihnachten ist einer der wenigen Tage, von denen ich weiß, dass es mir nicht gut gehen wird, weil dann die Erinnerungen hochkommen. Ich will nicht, dass meine Familie die Traurigkeit in meinem Gesicht sieht. Ich will nicht, dass sie mich trösten müssen. Und das Wichtigste: Ich will meine Traurigkeit nicht unterdrücken. Ich will weinen dürfen, ohne jemandem damit die Stimmung zu verderben. Meine

Gefühle zuzulassen ist das größte Geschenk, das ich mir machen kann. Denn auch wenn es in diesem Moment traurige Gefühle sind, bedeuten sie nur, dass ich geliebt habe.

Am ersten Weihnachtstag werde ich das Leben wieder hereinlassen und meine Kinder, Enkel und Urenkel umarmen, mit ihnen Gänsebraten essen und an Plätzchen knabbern. Aber dabei werde ich an all die Menschen denken, die dieses Glück nicht haben, für die sich das ganze Weihnachten so anfühlt wie der Heilige Abend für mich, denen das Unglück im Kopf schreit und die sich darauf konzentrieren müssen, dass es auch nur Tage mit Stunden sind, die verstreichen werden.

Gute Vorsätze

ÜBER DIE FRAGE, WELCHE ZIELE MAN SICH IM ALTER NOCH SETZT

Ich kann an Silvester die Jahreszahlen nicht mehr glauben. Hätte man mir in meiner Jugend gesagt, dass ich in diesen Jahren noch leben würde, hätte ich kurz aufgelacht und mir dann Urlaube mit fliegenden Autos vorgestellt. Selbst das Jahr 2000 schien damals unerreichbar und wie aus einer fernen Zukunft. Das ist jetzt schon zwanzig Jahre her. Und ein fliegendes Auto habe ich auch noch nicht in der Garage.

Zwei Dinge, die man beim Älterwerden lernt, sind, dass Zeit umso schneller verfliegt, je älter man wird, und dass an Silvester zu viele Erwartungen geknüpft sind. Ich habe schon viele, viele Freunde und Bekannte gute Vorsätze fassen und sie etwa fünf Minuten bis eine Woche später wieder brechen sehen.

Allein die Sache mit dem Rauchen. Früher rauchte jeder in meinem Freundeskreis, ich inklusive. Es war schick, auch die gesundheitlichen Folgen waren in ihrem Ausmaß noch gar nicht bekannt. In den Fernsehwerbungen für Zigaretten rannten Kinder zu ihren fröhlich im Wohnzimmer rauchenden Eltern. Als sich das änderte, es ein immer größeres Bewusstsein für Raucherlungen, Krebs und Impotenz gab, versuchten natürlich viele aufzuhören. Kurz nach Mitternacht steckten sie sich dann angeheitert wieder eine Zigarette an.

Ich habe mit dem Rauchen aufgehört, aber nicht an Silvester. Ich glaube nämlich nicht daran, dass ein äußerer Anlass allein hilft, ein eingespieltes Verhalten zu ändern – besonders wenn es um eine Sucht geht. Man muss es wollen. Lange Zeit kokettierte ich mit meiner Lust aufs Rauchen, sagte Dinge wie »Einen Krückstock braucht der Mensch« – also ein Laster, das man ausleben kann, wenn man keine Lust hat, sich immer korrekt und lieb und gut zu verhalten. Ein bisschen Verruchtheit muss sein ...

Vor zwanzig Jahren stellte mir ein Arzt die Diagnose, dass sich meine Augenerkrankung früher verschlechtern würde, solange ich weiterrauche. Ich ging nach Hause und schmiss meine Zigarettenpackung in den Hausmüll. Ich werde nicht schneller blind, nur um rauchen zu können. Ab diesem Moment wollte ich es wirklich – und schaffte es auch, obwohl der Entzug wirklich, wirklich unangenehm ist.

Aber woher kommen all die guten Vorsätze an Silvester, wenn eigentlich klar ist, dass man sie so schnell wieder bricht? Ich kann es mir nur so erklären, dass ich mich selbst an meinem eigenen Verhalten oft störe. Mit sich selbst verbringt man ja am meisten Zeit, und ich ärgere mich sehr darüber, wie oft ich mich in meinem Leben falsch verhalte. Ich habe in meinem Gehirn dafür eine kleine Bibliothek mit dem Namen »Fehltritte seit meiner Geburt«. Dort liegen Erinnerungen, die ich wie Videos in meinem Kopf immer wieder abspielen kann.

Am schlimmsten sind für mich die Erinnerungen, wenn ich zu wenig Geduld bei der Pflege meines Mannes hatte. Ich kann mich mit den Gedanken quälen. Einmal wollte er sich von mir nicht im Rollstuhl schieben lassen, obwohl ich dringend einkaufen gehen musste, er stellte seine Beine immer wieder auf den Boden, um den Rollstuhl zu bremsen, ich weinte und schrie, dass ich nicht mehr kann und nicht mehr weiter weiß und dass mir alles zu viel wird. Ich weiß, dass ich überfordert war nach der monatelangen Pflege, ich weiß, dass er nicht mehr er selbst war, aber allein diese eine Erinnerung ist schlimm für mich. Überhaupt liegen in dem Archiv meiner schlechten Erinnerungen fast nur Momente, die mit Streit zu tun hatten. Augenblicke, in denen ich laut wurde gegenüber Menschen, die mir eigentlich sehr wichtig sind.

Wenn es eine Sache gibt, die ich in meinem Leben nicht mehr haben möchte, dann ist es Streit. Ich weiß, dass es nicht gut ist, wenn Wut sich aufstaut. Aber wenn ich all die Meinungsverschiedenheiten in meinem Leben durchgehe, war der Anlass nie die Konsequenz wert. In vielen Fällen erinnere ich mich sogar nicht mehr daran, was den Streit eigentlich ausgelöst hat, sondern nur noch daran, wie sehr mich dessen Folgen belastet haben. Und das sagt eigentlich auch schon alles.

Ich weiß, dass es sehr unrealistisch wäre, mir deswegen vorzunehmen, dass ich nie wieder laut werde. Das wäre ähnlich zum Scheitern verurteilt wie all die Vorsätze, nicht mehr zu rauchen, fünfzehn Kilo abzunehmen und fünfmal die Woche Sport zu machen. Ich bin ein impulsiver Mensch und finde es von Grund auf falsch, Wut in sich hineinzufressen.

Aber gerade weil Vorsätze so schwer umzusetzen sind, habe ich mir überlegt, ob es eine ganz konkrete Möglichkeit gibt, mein Ziel doch noch zu erreichen. Und ich hoffe, ich habe eine Lösung gefunden. Ich will weiterhin meine Meinung sagen, will auch weiterhin, dass Menschen ehrlich zu mir sind und der Konfrontation nicht ausweichen – aber ich werde nicht mehr im Streit mit Menschen auseinandergehen. Das ist ein machbares Ziel. Das nächste Mal, wenn etwas schiefläuft, nicht aus der Situation zu stürmen, sondern zu bleiben und zu reden. So lange, bis all die Wut verpufft ist und man darüber reden kann, was vielleicht der eigentliche Grund ist, warum man verletzt ist oder impulsiv reagiert hat.

Ich will es schaffen. Ich will bei keinem meiner Bekannten denken müssen, dass es noch ungeklärte Konflikte gibt. Ich fürchte, dieser Wunsch hängt auch sehr mit meinem Alter zusammen. Was wäre, falls ich doch plötzlich sterbe? Wie unnötig wäre es, dass auch nur ein Mensch dann bereuen muss, was er als Letztes zu mir gesagt hat. Das Gleiche gilt für mich. Ich will gehen können, ohne zu bereuen.

Ich werde dieses Silvester entspannt angehen. Früher zog ich mich schick an, ich war nie der Typ Discokugel (also Paillettenkleid), sondern trug zum Beispiel gern einen dunkelblauen Rock mit hohem Schlitz. Dieses Jahr wird es wohl eine Jogginghose sein. Ich werde mir im Fernsehen »Dinner for One« anschauen. (Übrigens auch ein Phänomen für sich. Der Film lief zum ersten Mal im Jahr 1963, ich habe ihn seitdem jedes Jahr gesehen und lache immer noch, wenn der Butler aus der Blumenvase trinkt.) Wenn die Kirchenglocken läuten und die Raketen zischen, freue ich mich auf meine Zukunft als süddeutscher Dalai Lama. Diesen einen Vorsatz werde ich nicht brechen. Ich will ihn zu sehr und ich weiß, was auf dem Spiel steht: Liebe. Und damit mein ganzes Glück.

Klicken, Tür öffnen, besitzen

ÜBER DIE MÖGLICHKEIT DES ONLINE-SHOPPINGS

Ich sah die Flasche an und konnte es nicht glauben. Das war doch genau der Rum aus unserem Urlaub. Den wir abends in Kolumbien geöffnet haben, als ich meinen Enkel dort besuchte. Den wir dann mit Eiswürfeln tranken und der so weich und samtig schmeckte, als wäre er ein Nachtisch. Und auf einmal halte ich eine Flasche davon in meinen Händen – in Deutschland. Wie kommt man an so etwas ran?

»Ich hab ihn im Internet gefunden und dachte, du würdest dich freuen«, antwortete meine Enkelin. Im Internet, okay, das hätte ich mir denken können. Ich beschäftige mich viel damit, weil ich allein Suchmaschinen so praktisch finde. Sie geben mir eine Antwort auf jede Frage. Und anscheinend findet man dort auch wirklich jedes Produkt. Selbst das Getränk der besten kolumbianischen Nächte.

Meine Enkelin zeigte mir daraufhin diverse Seiten für Online-Shopping. Und mir kam eine Idee: Ob sie mir wohl dabei helfen könne, eine Box zu bestellen, die unter mein Schlafsofa passt und in die ich eine Bettdecke verstauen könnte. Meine Enkelin tippte die Maße mit mir ein, wählte eine Box aus und zeigte mir, wie ich

Adresse und Zahlungsdaten im letzten Bestellschritt eingeben kann. Gleich danach kam eine E-Mail, an welchem Tag ich mit dem Paket rechnen könne. Ich war beeindruckt. Vorher hat es mich nämlich wochenlang beschäftigt, wie ich zu dieser Box kommen soll. Das Einfachste wäre ja gewesen, in ein Möbelhaus zu fahren. Aber ich lebe in einer Kleinstadt, habe kein Auto mehr und konnte mir nicht vorstellen, die große Box im Bus zu transportieren. Natürlich hätte ich jemanden aus meiner Familie bitten können, mich dorthin zu fahren. Sie würden mir alle gerne helfen, das weiß ich. Aber wie ich schon einmal erklärt habe, würde ich Aufgaben oft lieber selbst lösen, als immer um Hilfe bitten zu müssen. Weil es um Selbstbestimmung geht. Ich habe Freude daran, mein Leben selbst zu organisieren.

In dieser Hinsicht ist Online-Shopping für ältere Menschen wie mich ja ideal: Sie können genau auswählen, was sie brauchen. Und wenn das Paket geliefert wird, haben sie noch einen weiteren Vorteil: Sie haben alle Zeit der Welt, um darauf zu Hause zu warten, und müssen nicht wie Berufstätige nach Feierabend gelbe Zettel von der Haustür abmachen, auf denen steht, dass sie das Paket verpasst haben. Online-Shopping ist also eine tolle Möglichkeit für Senioren, die nicht mehr gut zu Fuß sind. Man kann sich im Internet alles bestellen – von Medikamenten bis hin zu frischen Lebensmitteln. Die Senioren müssen es sich nur technisch erklären lassen. Ich glaube, dass ich noch zwei bis drei Nachhilfestunden von meiner Enkelin brauche, bis ich es ganz alleine hinkriege.

Aber das Online-Shopping hat auch einen großen Nachteil. Die Innenstädte und Stadtviertel bluten aus. Es gibt immer weniger Kaufhäuser mit einem umfassenden Warenangebot. Geschäfte also, in denen ich mir sicher sein kann, dass es die Dinge, die ich brauche, auch tatsächlich gibt. Das ist wirklich ein Problem, das mit jedem Lebensjahr wächst. Wenn es mir einmal schwerfallen sollte, in die Innenstadt zu laufen, muss ich sicher sein, dass ich die Glühbirne, die ich brauche, dort auch bekomme. Aber oft gibt es diese gut sortierten Kaufhäuser nicht mehr – weil die Leute ja alles im Internet bestellen können oder in einen Fachmarkt fahren. Je mehr die Menschen also im Internet bestellen und aufhören, die Läden vor Ort zu unterstützen, desto schwieriger wird es für Menschen ohne Auto, in Laufnähe alles zu bekommen. Und ich lebe noch nicht einmal auf dem Land. Was machen Senioren in Dörfern, in denen es nicht einmal mehr einen Supermarkt gibt?

An sich bin ich schon froh über einige Entwicklungen, die sich beim Einkaufen während meiner Lebenszeit getan haben. Zum Beispiel sind Supermärkte wirklich angenehm. Früher musste man in Lebensmittelgeschäften seine Einkaufswünsche noch einem Angestellten sagen, der einem dann am Tresen die Waren überreichte. Das klingt vielleicht nach einer netten Erfahrung. Aber vor allem fühlte man sich wahnsinnig beobachtet und kontrolliert. Wirke ich maßlos, wenn ich mir noch einen weiteren Käse aussuche? Oder noch eine Flasche Wein? Heute schiebe ich meinen Einkaufswagen durch die Gänge der Supermärkte und genieße die Anonymität, mit der ich mir meinen Käse selbst auswählen und einladen kann.

Ich hoffe also, dass das Online-Shopping nicht auch die Supermärkte angreift. Und solange ich noch gut laufen kann, werde ich weiterhin die Läden in meiner Nähe unterstützen. Meine Buchwünsche der netten Verkäuferin im Buchladen sagen und das bestellte Buch am nächsten Tag abholen. Meinen Käse selbst nach Hause tragen. Auch weil ich es genieße, rauszukommen. Einkaufen zu gehen ist ein schöner Anlass, die Jogginghose auszuziehen und das Haus zu verlassen. Und falls es mich doch einmal anstrengt, weil es die Glühbirne in der Innenstadt nicht gibt und ich umsonst gelaufen bin, schenke ich mir abends als kleines Trostpflaster einfach einen winzigen Schluck von dem guten Rum ein. Dann wünsche ich mir nächstes Jahr eben eine Flasche davon zu Weihnachten.

Wie wir früher Sex hatten

ÜBER HEIMLICHE AUFKLÄRUNG UND DIE SCHWIERIGE FRAGE NACH DER VERHÜTUNG

Ich stand vor kurzem in der Drogerie an der Kasse. Vor mir war eine junge Frau, die Kondome auf das Warenband legte. Sonst nichts. Als die Kassiererin die Kondome über den Scanner gezogen hatte, versuchte die Frau nicht etwa, die Packung schnell in die Tasche zu stecken, sondern bezahlte erst mal und wünschte der Kassiererin einen schönen Tag. Als hätte sie ein Päckchen Kaugummi gekauft. Ich stand da und freute mich. Denn die Szene zeigte mir etwas, das ich immer wieder wahrnehme: Es ist heute das Normalste der Welt, dass junge Frauen Sex haben. Wie großartig. So hätte es schon immer sein sollen.

Meine frühen Erfahrungen waren anders. Es fing schon damit an, dass ich wirklich nicht viel darüber wusste, was zwischen Männern und Frauen passieren kann. Meine Eltern waren sehr katholisch und dachten gar nicht daran, mich aufzuklären. Wer weiß, was möglich ist, könnte ja auf Gedanken kommen … Auch die Welt um mich herum war vollkommen entsexualisiert. In den Filmen meiner Jugend wurde höchstens angedeutet, dass es mehr als romantische Küsse im Regen gibt.

Sex war eine Welt, zu der ich keinen Zugang hatte. Bis ich als Jugendliche heimlich begann, mir in den medizinischen Fachbüchern meiner Eltern – beide waren Ärzte – ein bisschen Wissen über die grundlegenden Vorgänge zusammenzuklauben. Es war sehr technisches Wissen, mehr nicht.

In meiner Schulzeit hätte ich niemals offiziell einen Freund haben dürfen, deswegen liefen meine Verknalltheiten heimlich ab. Die Jungen holten mich zum Klingeln der Schulglocke ab und begleiteten mich zum Bahnhof. Wir hatten fünfzehn himmlische Minuten Fußweg zusammen, das wars. Es gab gute Straßen, die etwas abseits verliefen, da trauten sich manche meiner Angebeteten, kurz meine Hand zu halten oder mir einen Kuss auf die Lippen zu drücken. Aber es waren flüchtige Momente, in denen sie und ich zitterten. Es hätte gereicht, wenn uns auch nur ein Bekannter meiner Eltern gesehen hätte.

Natürlich habe ich damals gemerkt, dass ich Verlangen habe. Aber alles daran war mit Scham verbunden. Ich konnte mit niemandem darüber reden. Ich bekam nur die negativen Seiten mit, wenn ich durchs Wohnzimmer lief, während meine Mutter Besuch von einer Bekannten hatte und die beiden leise darüber tuschelten, dass Frau X oder Y zu der Engelsmacherin gehen musste und bei der Abtreibung etwas schiefgelaufen sei und sie jetzt keine Kinder mehr bekommen könne. Das war der Preis, den man als Frau für eine Affäre außerhalb einer Ehe zu zahlen bereit sein musste.

In einem Italienurlaub lernte ich dann Ulli kennen, meinen späteren Mann. Zurück in München, verabredeten wir uns abends. Er hätte mich nicht allein besuchen dürfen, Herrenbesuch war bei meiner Vermieterin zu später Stunde nicht gestattet, aber ab und zu erlaubten ihm seine Vermieter, dass er mich in seinem kleinen Zimmer bekochte. Die guten Nudeln, der Rotwein, Ulli – an einem dieser Abende passierte es. Ich wurde schwanger.

Natürlich hatten wir versucht zu verhüten, mit Coitus interruptus. Dass das keine wirklich gute Verhütungsmethode ist, war mir klar. Aber wir hatten keine Alternative. Die Pille war damals noch nicht auf dem Markt. Kondome waren zu bekommen, aber nicht so einfach und selbstverständlich wie heutzutage. Man musste in die Apotheke gehen und ertragen, dass einen die Person im Kittel verurteilt. Weder Ulli noch ich trugen einen Ehering und selbst der hätte im Zweifelsfall nicht viel geholfen. Wer Sex haben wollte, musste bereit sein, auch Kinder zu zeugen, so war das damals in der öffentlichen Wahrnehmung. Und Ulli und ich waren so erzogen worden, uns für all das damit Verbundene zu sehr zu schämen.

Als mein Bauch begann, sich abzuzeichnen, verließ ich die Schauspielschule. Ich kann mich noch an jeden verachtenden Blick meiner Mitschüler und Lehrer erinnern.

Ich bin trotzdem froh, dass ich schwanger wurde.

Denn sonst gäbe es meine älteste Tochter nicht, und meine Kinder sind das Beste an meinem Leben. Ich hätte nur davor und dazwischen gern so sorgenfreien Spaß gehabt wie die junge Frau nach ihrem Drogeriebesuch.

Der Glücksmythos

ÜBER DIE VERMEINTLICHEN LIEBESGEHEIMNISSE VON SENIOREN

Es gibt einen Mythos über meine Generation, der mich ärgert: dass wir die Liebe auf irgendeine Weise besser verstanden hätten, weil die Beziehungen früher so lange hielten. Wenn ich in der Zeitung einen Bericht über eine goldene, diamantene oder sogar eine Gnadenhochzeit sehe, bin ich mir sicher, dass auch eine Formulierung wie »Was ist das Geheimnis Ihrer langen Liebe?« darin vorkommt. Dabei lässt sich dieses Phänomen nicht immer mit großen Gefühlen erklären.

Denn es ist nicht so, dass meine Generation die Zutaten für eine glückliche Beziehung besser kennen würde. Vielmehr war es so, dass die romantische Liebe oft keine besonders große Rolle spielte. Beziehungen waren häufig Zweckbündnisse, nicht das große Glück, das einen morgens zum Lächeln bringt. Und egal, wie düster der Beziehungsalltag vielleicht war: Eine Trennung war in den meisten Fällen keine Option.

Geschiedene waren damals sozial geächtet. Frauen hatten in ihrer Beziehung glücklich und genügsam zu sein. Selbst wenn der Mann fremdging, hätten viele im Bekanntenkreis den Fehler dafür trotzdem bei der Frau gesehen und Sätze gesagt wie »Seine Frau hat ihn einfach nicht mehr glücklich gemacht, sondern ständig mit Streitigkeiten belastet. Kein Wunder, dass er da ein bisschen Zerstreuung sucht.«. Das muss man sich mal vorstellen.

Abgesehen von dem sozialen Druck, war die Scheidung oder Trennung oft noch aus einem anderen Grund gar nicht möglich: der wirtschaftlichen Abhängigkeit der Frauen von ihren Männern. Egal, wie viel Arbeit wir uns als Hausfrauen machten – wir verdienten ja kein eigenes Geld. Wer sich unter diesen Umständen trennte, musste schon sehr mutig sein. Häufig mussten Frauen mit ihren Kindern nach einer Trennung bei den eigenen Eltern einziehen, weil es anders nicht gegangen wäre. Natürlich hätten sie Anspruch auf Unterhaltszahlungen gehabt, aber davor musste erst mal die Scheidung abgewickelt werden. Bis in die siebziger Jahre klärten die Richter außerdem die sogenannte Schuldfrage – welcher der Partner das Scheitern der Ehe verschuldet hat.

Das Schuldprinzip war auch der Grund, warum sich meine Mutter erst so spät von meinem Vater scheiden ließ. Sie wartete, bis das Schuldprinzip abgeschafft worden war. Während mein Vater seine Affäre sogar bei uns im Einfamilienhaus wohnen ließ, fürchtete meine Mutter wegen einer kurzen Affäre, die sie während des Krieges gehabt hatte, die Schuld für das Scheitern der Beziehung zugesprochen zu bekommen.

Auch Einrichtungen wie Frauenhäuser, die Frauen in schwierigen Situationen aufgefangen hätten, gab es damals noch nicht. All das führte dazu, dass Frauen oft in Beziehungen ausharrten, die nach heutigen Ansprüchen nicht unbedingt glücklich waren. Damit meine ich nicht nur tatsächliche körperliche Gewalt – sondern auch all die emotionalen Wunden, die man seinem Partner zufügen kann. Ihn zu verletzen, zu erniedrigen und zu missachten.

All das Wissen über die großen und kleinen Unglücke einer Ehe führte dazu, dass ich als junge Frau auch nicht gerade versessen darauf war, zu heiraten. Aber als ich schwanger war, zählte die Meinung von Ulli und mir nichts mehr. Unsere Familien sprachen die Hochzeit untereinander ab und sagten zu mir: »Ihr habt euch die Suppe eingebrockt, jetzt müsst ihr sie auch auslöffeln.«

Ulli und ich mochten uns damals schon sehr gern. Trotzdem glaubte ich nicht daran, dass ich aus dem Stand mit ihm glücklich werden könnte. Wir kannten uns ja kaum. Nach ein paar (zugegebenermaßen sehr schönen) Abenden sollten wir plötzlich als Ehepaar zusammenwohnen und unsere ganze Zukunft miteinander planen. Wir wurden gezwungen, uns aufeinander einzulassen. Auch das möchte ich also bitte nicht idealisieren.

Wie sehr ich Ulli lieben würde, wie glücklich wir beide dann wurden, konnte ich damals nicht ahnen. Und ich würde aus heutiger Sicht sagen, dass es wirklich ein großer Zufall war, dass es so kam. Natürlich waren wir am Anfang verliebt, aber unsere wirklich enge Beziehung entwickelte sich erst im Alltag. In all den Momenten, in denen ich spürte, dass Ulli immer für mich da sein würde, bedingungslos, und dass er versucht, mich mit seinem Verhalten glücklich zu machen. Das fühlte sich dann doch nach dem großen Glück an. Aber wie schrecklich wäre mein Leben verlaufen, wenn Ulli nicht so ein guter Partner gewesen wäre!

Vielleicht ist das das Einzige, das man positiv über die Beziehungen meiner Generation vermerken muss: Wir mussten uns auf die andere Person einlassen. Aber dass meine Generation deswegen im Schnitt glücklichere Beziehungen führte und Liebesgeheimnisse verraten kann, bezweifle ich stark.

Es ist doch viel besser, wie es heute ist. Auch wenn die drohende Armut nach einer Scheidung leider immer noch ein Thema ist, hat sich im Großen schon etwas verändert. Häufig sind Paare nicht mehr ohne Ausweichmöglichkeiten zusammengeschweißt. Frauen und Männer stehen viel mehr für sich, können als Single leben und ihren eigenen Leidenschaften nachgehen. Sie können sich mit einem anderen Menschen auf die Liebe einlassen. Wenn es dann so wird wie bei Ulli und mir, können sie zusammenbleiben. Und wenn nicht, trennen sie sich wieder.

Liebe kann das Leben so viel schöner machen. Aber Liebe ist etwas anderes als Abhängigkeit.

Rentner an Bord

ÜBER DAS AUTOFAHREN IM ALTER

Ich fahre ihn zum letzten Mal aus der Tiefgarage. Dann stelle ich ihn ab, schiebe die Automatikschaltung auf Parken und mache noch einmal das Handschuhfach auf. Es ist leer bis auf die Fahrzeugpapiere. Alles draußen, selbst die Zwei-Euro-Stücke und die Papiere von den Salbeibonbons, die ich gern gegen Halskratzen lutsche. Ich öffne die Tür, steige aus und drücke der Frau, die neben dem Auto steht, die Schlüssel in die Hand.

Tschüss, mein lieber treuer Golf. Ab jetzt fährst du eine junge Frau zu Tennisverabredungen, Geschäftsterminen und Wanderausflügen. Und ich werde nie wieder hinter dem Steuer eines Wagens sitzen.

Ich hätte mein Auto schon vor langer Zeit verkaufen sollen. Ich war immer eine passable Autofahrerin, gut im seitlichen Einparken und im Fahren auf kurvigen Waldstraßen sowieso. Aber ich sehe immer schlechter. Seit einigen Monaten fahre ich nur noch Strecken, die ich gut kenne und auf denen ich die Ortsschilder nicht lesen muss. Aber ich weiß: Meine Zeit auf dem Fahrersitz muss enden. Ich bin eine Gefahr.

Das Auto zu verkaufen fiel mir trotzdem schwer. Als alte Frau muss ich ständig mit Einschränkungen zurechtkommen. Damit, dass ich nicht mehr viel tragen kann. Damit, dass ich nicht mehr gut höre. Damit, dass ich morgens die Zeitung kaum noch lesen kann. Das Auto war für mich ein letzter Rest Unabhängigkeit und Selbstbestimmung. Ich konnte meine Einkäufe erledigen und wann immer ich wollte aus der Stadt rausfahren, auf der Landstraße durch die Gerstenfelder fliegen, es in einem kleinen Ort abstellen und loslaufen.

Ich kenne niemanden, der das Autofahren im Alter gern aufgegeben hat. Es kratzt am Stolz, an der Mündigkeit, an der Selbstbestimmung. Und viele meiner Bekannten wollen das nicht wahrhaben und machen sogar noch Witze darüber, dass sie nur wegen ihrer langen Erfahrung als Autofahrer noch keinen Unfall gebaut haben. Ich finde das unverantwortlich.

Die Senioren müssen runter von der Straße. Genauso übrigens wie Hitzköpfe und andere Autofahrer, die aus Unsicherheit nicht gut reagieren. Die Politiker diskutieren ja immer wieder darüber, ob es im Alter verpflichtende Fahrtests geben soll. Eine gute Idee! Aber doch bitte für alle Altersstufen. Ich bin mir sicher, dass der Verkehr viel ruhiger und sicherer wäre, wenn alle Autofahrer ihr Können und ihre gesundheitliche Eignung in regelmäßigen Abständen überprüfen lassen müssten. Wie oft bin ich auf Landstraßen schon Menschen hinterhergefahren, die wirr bremsen, beschleunigen und die Spur nicht halten können.

Ich habe jetzt auch meinen Stellplatz in der Tiefgarage gekündigt. Schade, dass die Entwicklung dieser selbstfahrenden Autos so langsam vorwärtsgeht. Das wäre meine liebste Lösung gewesen. Einsteigen zu können, mein Wunschziel zu nennen und einfach vom Auto dorthin gefahren zu werden. Zu dem Berg mit der schönen Aussicht, dem Lokal mit den guten Bratwürsten, dem Bauernhof mit dem guten Holzofenbrot. Ein Stückchen Freiheit. Arbeitet mal daran, ihr jungen Leute.

Wie bitte?

Ich weiß, dass es in vielen Situationen nicht mehr gut läuft mit meinen Ohren. Aber ich war in diesem Moment doch überrascht. Meine Enkelinnen und Enkel saßen in meinem Wohnzimmer und unterhielten sich. Im Hintergrund war nur das Ticken der Uhr. Trotzdem merkte ich, dass ihre Stimmen zu schnell, dumpf und leise klangen in meinen Ohren. So sehr, dass ich mich wirklich anstrengen musste, ihnen zu folgen. Aber ich war offensichtlich die Einzige in der Runde, der es so ging. Meine jungen Enkelinnen und Enkel verstanden sich gegenseitig ausgezeichnet. Ich vermisste meine jungen Ohren.

Ich höre seit einigen Jahren immer schlechter. Es ist ein stetiger Prozess. Ich merkte die ersten Ausläufer des Problems, wenn ich mit Freunden oder meiner Familie essen ging. In lauten Gaststätten fiel es mir immer schwerer, ihre Stimmen zu verstehen. Aus einem dichten Geräuschebrei einzelne Klänge herauszufiltern. Das Problem weitete sich aber aus. Irgendwann fiel es mir schwerer, bei Unterhaltungen eine Stimme zu verstehen, wenn gleichzeitig noch jemand anderes sprach – selbst wenn die Hintergrundgeräusche fehlten. Und seit kurzem merke ich selbst bei Telefonaten, dass ich oft die andere Person am liebsten bitten würde, etwas lauter zu sprechen. Obwohl ich die Lautstärke des Telefons sowieso schon hochgestellt habe.

Natürlich hat es mit dem Alter zu tun. Es ist ein normaler Prozess. Selbst im Fernsehen verstehe ich eigentlich nur noch die Nachrichtensprecher gut. Sogar Schauspieler mit geschulten Stimmen verstehe ich in Krimis kaum noch, sobald Musik im Hintergrund eingespielt wird oder Hintergrundgeräusche wie fahrende Autos oder die Schüsse von Pistolen vorkommen. Da helfen mir nur noch meine guten Kopfhörer, dank deren ich den Ton des Fernsehers noch lauter drehen kann, ohne meine Nachbarn in den Wahnsinn zu treiben.

Auch im echten Leben habe ich bei Gesprächen Tricks, die mein schlechtes Hören überspielen. Wenn ich zum Beispiel in einem lauten Supermarkt einen Bekannten treffe, der mir etwas erzählt, lächle ich sanft, damit ich optisch mitfiebere, falls mir mein Gegenüber etwas Nettes erzählen sollte. Aber das Lächeln darf nicht zu stark sein. Sonst würde es ja makaber wirken, falls mein Gegenüber mir gerade vom Tod seiner Katze erzählen sollte. Ab und zu nicke ich außerdem leicht mit dem Kopf, als würde ich der Erzählung aufmerksam folgen. Und immer wieder wispere ich ein leises: »Hmm, hmm, verstehe.« Dabei hoffe ich aber, dass mir die andere Person nicht gerade eine Frage stellt, die ich klar beantworten müsste.

Es ist mir sehr unangenehm. Das einzig Dankbare an der Situation ist, dass es häufig gar nicht zu Fragen an mich kommt. Leute sind oft so froh, wenn man ihnen zuhört, dass sie Gespräche ganz allein bestreiten und einfach immer weiterreden.

Ich kann mir vorstellen, dass meine Tricks und überhaupt meine Ausweichmanöver lächerlich für jemanden klingen, der noch gut hört. Aber das Problem ist: Was wäre die Alternative? Es ist immer unangenehm, jemandem zu sagen, dass man ihn nicht gut versteht. Denn die Aussage impliziert, dass derjenige eine Teilschuld daran trägt. Mit meinen Augen ist es ganz anders. Da kann ich offen sagen: »Du, entschuldige bitte, ich habe dich gerade nicht gegrüßt, weil ich fast nichts mehr sehe.« Weil der Fehler klar bei mir liegt. Aber jedes Mal, wenn ich jemandem sagen würde: »Ich verstehe dich nicht so gut«, gebe ich dem anderen damit vielleicht ein schlechtes Gefühl, weil ich ihm damit zu verstehen geben könnte, dass er zu undeutlich oder leise spricht. Also vermeide ich diese Aussage, wo es nur geht. Wenn überhaupt sage ich: »Könnten Sie lauter sprechen, ich habe schlechte Ohren.« Die andere Person weiß dann, dass das Problem ganz allein bei mir liegt.

Ich habe keine Lust mehr darauf. Zu hoffen, dass der andere mich nicht komisch findet, weil ich bei Fragen einfach weiterlächle und ihn anschaue. Bekannte, die ich in der Fußgängerzone treffe, so schlecht zu verstehen. Nur bei meiner Familie mache ich mir keinen Kopf und sage ihnen, wenn sie lauter und langsamer reden müssen, weil sie wissen, wie es um meine Ohren bestellt ist. Aber anders als bei meinen Augen, die einen irreparablen Netzhautfehler haben, kann ich die Situation ja aktiv angehen und ändern. Ich brauche ein Hörgerät. Punkt.

Ich habe mir in meinen Kalender geschrieben, dass ich einen Termin beim Hals-Nasen-Ohren-Arzt vereinbaren möchte. Der soll noch einmal meine Ohren messen, dann geht es auf in die Geschäfte. Ich habe gehört, dass es diese Hörgeräte mittlerweile sogar mit Akkus zum Aufladen an der Steckdose statt Batterien gibt. Das klingt doch super! Mir wäre es noch lieb, wenn sie nicht neonfarben wären, weil sie in meinen Ohren dank meines streichholzkurzen Haarschnittes schon ganz schön leuchten würden. Aber selbst wenn: Diese leichte Eitelkeit werde ich schon noch abstreifen. Die Vorstellung, bald wieder die leisen Zwischentöne zu hören, ist einfach zu schön.

Bitte alles richtig machen

ÜBER DAS PHÄNOMEN, WIE SEHR SICH ERZIEHUNGSRATSCHLÄGE GEÄNDERT HABEN

Wenn ich an die Vergangenheit denke, bekomme ich manchmal ein schlechtes Gewissen. Denn älter zu werden bedeutet manchmal leider auch, zu erfahren, dass man sich unwissentlich sehr schlecht verhalten hat. Mein schlimmstes Beispiel: die Zigaretten. Ich rauchte früher, wie die meisten in meinem Freundeskreis. Aber wir wussten damals fast nichts darüber, wie schlimm die gesundheitlichen Folgen des Rauchens sind. Selbst wenn meine Kinder mit im Zimmer saßen, rauchte ich manchmal.

Wie gern würde ich die Zeit zurückdrehen! Und jede Zigarette, die ich in Anwesenheit meiner Kinder geraucht habe, schnell ausdrücken. Denn genau das meine ich mit unwissentlich schlechtem Verhalten: Hätte ich gewusst, wie schädlich Passivrauchen ist, hätte ich meine Kinder niemals dem Rauch ausgesetzt. Nun weiß ich es und muss damit leben, dass ich vor meinen Kindern an Zigaretten gezogen habe.

Ich wollte als Mutter immer unbedingt alles richtig machen. Ich las jeden Zeitungsartikel über Erziehung, den ich in die Finger bekam, und Ratgeberbücher sowieso. Aber weil ich nun schon eine Zeit lang auf dieser Erde bin und verfolgen konnte, wie sehr sich die Erziehungsratschläge gewandelt haben, ahne ich, dass ich aus heutiger Sicht viel falsch gemacht habe. Gerade weil ich mich so streng an die damaligen Ratschläge halten wollte.

Überhaupt war für Mütter früher wohl vieles anders. Das fing schon bei der Geburt an. Man konnte nicht etwa wenige Stunden oder Tage später wieder nach Hause gehen, sondern sollte etwa eine Woche im Krankenhaus bleiben. Aber getrennt vom Kind. Ich bekam meine Kinder nur, wenn sie hungrig waren und ich sie stillen sollte, ansonsten lagen sie mit all den anderen Babys in einem Säuglingszimmer.

Nachdem ich also einige Tage getrennt von meinem Baby verbracht hatte, durfte ich dann erst nach Hause fahren und es, seien wir mal ehrlich, richtig kennenlernen. Aber auch zu Hause war das Leben mit Kind anders als heute, wenn man sich wie ich an die Erziehungsratschläge hielt. Damals wurde nämlich empfohlen, dass man Kinder sofort in ihrem eigenen Bettchen in einem eigenen Zimmer schlafen lassen sollte. Und dass Kinder ruhig mal länger schreien sollten, weil das die Lungen frei macht. Zumindest diesen zweiten Ratschlag habe ich aber gebrochen, weil ich die Vorstellung nicht ertrug, wie sich wohl meine einsam in ihrem Zimmer daliegenden und schreienden Kinder fühlten. Also lief ich zu ihnen und tröstete sie. Aber ich fühlte mich schlecht dabei, weil ich damit ihren perfekten Lungen im Weg stand.

Noch schlimmer war es aber, einen anderen Rat durchzuhalten: die strengen Essens- und Schlafenszeiten, die damals empfohlen wurden. Der Zeitgeist der Erziehung war, dass Kinder möglichst viel Routine bekommen sollten. Vor allem die regelmäßigen Mahlzeiten waren wichtig. Man sollte sie nicht etwa füttern, wenn sie hungrig waren, sondern nach einem festen Zeitplan. Etwa alle vier Stunden sollten sie etwas essen, aber nur tagsüber. Nachts hätte das Kind dann durchschlafen sollen. Guter Witz, weiß ich heute. Damals dachte ich noch: Was bin ich für eine schlechte Mutter, dass meine Kinder das mit dem Durchschlafen nicht schaffen, obwohl es doch so gesund ist.

Ich habe das Gefühl, dass die Empfehlungen heute kleinkindgerechter sind und mehr auf ihr Wohl eingehen: dass man füttert, wenn sie hungrig sind, dass man sie auch mal bei sich schlafen lassen kann. Aber trotzdem habe ich das Gefühl, dass Eltern immer noch ein starkes Korsett spüren und wegen der Flut der Empfehlungen ein anhaltend schlechtes Gewissen haben, weil sie die vermeintlich perfekt aufs Kindeswohl ausgerichteten Ratschläge nicht immer einhalten können. Und weil sie von anderen Eltern auch noch beäugt werden, wie sie ihr Kind erziehen. Wer lässt sein Kind wie lange bei sich im Schlafzimmer schlafen? Wer lässt sie Saft trinken, obwohl doch jede Menge Zucker darin ist?

Aber in der großen Sache entwickelt sich die Welt in eine gute Richtung. Wir nehmen Kinder jetzt viel mehr als Menschen mit eigenem Willen wahr, das finde ich so richtig. Natürlich finde ich, dass man Kindern Grenzen aufzeigen muss (wenn es um »Fass nicht die Herdplatte an« oder »Laufe nicht direkt am Bach, damit du nicht reinfällst« geht). Aber das anhaltend autoritäre Verhalten gegenüber Kindern nimmt ab.

Überhaupt ist die Trennung zwischen der Kinder- und der Erwachsenenwelt nicht mehr so groß. Ich gehöre zwar nicht mehr zu der Generation, die ihre Eltern siezen musste, aber es gab immer noch eine große Kluft zwischen ihnen und mir. Sie hätten mit mir niemals über ihre Eheprobleme oder andere Sorgen gesprochen. Das waren Erwachsenenthemen, die mich nichts angingen. Dabei merkte ich als Kind doch selbst, dass vieles schieflief. Ich stelle es mir beruhigend vor, dass man Kindern heutzutage wenigstens erklärt, warum es zu Streit kommt. Ich glaube nämlich, dass es manchmal viel schlimmer ist, gar nichts zu wissen und die Gründe für die eisige Stimmung nicht einordnen zu können.

Noch etwas Wichtiges hat sich verbessert: dass es heute darum geht, was Kinder glücklich macht. Das spielte in den Erziehungsratgebern, die ich früher las, kaum eine Rolle. Es ging darum, wie Kinder brav werden. Heute geht es auch darum, wie Kinder ihren Charakter entwickeln können. Das ist gut. Die Welt braucht mehr Ronja Räubertöchter und Michels aus Lönneberga.

Meine Wahl

ÜBER DIE BEDEUTUNG VON PATIENTENVERFÜGUNGEN

Eine gute Freundin von mir ist gestorben. Ich kenne sie vom Schwimmen, bis vor wenigen Wochen zog sie noch morgens neben mir ihre Bahnen. Aber das muss nichts heißen. Im Alter geht es manchmal schnell. Zu schnell. Schon wieder eine Freundin weniger.

Bei der Beerdigung umarmte ich die Tochter meiner Freundin lange und fest. Wir hatten in den Wochen davor viel Kontakt gehabt. Denn sie musste entscheiden, ob sie meine Freundin – ihre Mutter – sterben lässt. Meine Freundin hatte eine Patientenverfügung, in der stand, dass sie keine lebensverlängernden Maßnahmen möchte. Meine Freundin liebte das Leben – aber auch die Vorstellung zu gehen, wenn die lebenswerte Zeit vorbei ist.

Trotzdem fiel es ihrer Tochter schwer, den Wunsch ihrer Mutter zu akzeptieren und durchzusetzen. Aber sie in dieser Situation erlebt zu haben, führt mir umso deutlicher vor Augen, warum jeder, wirklich jeder, eine Patientenverfügung haben sollte.

Bei einem medizinischen Notfall bricht erst einmal die Welt zusammen für die Angehörigen. Manch einer mag denken, dass er in dem Moment dennoch gut handeln und entscheiden kann. Aber egal, wie alt sie in diesem Augenblick sein mag – wenn die eigene Mutter in einem Krankenhausbett liegt und schmal und zerbrechlich aussieht, kann man nicht mehr klar denken, das versichere ich.

Es gehört zu meinem Verständnis von Liebe, dass man seinen Angehörigen in so einer Situation nicht zumutet, irgendwelche Entscheidungen treffen zu müssen. Indem man sich rechtzeitig um eine Patientenverfügung kümmert, in der genau festgelegt ist: Ich möchte dies, das, aber auf keinen Fall jenes.

Mein inzwischen verstorbener Mann und ich haben uns schon früh darum gekümmert. Wir hatten beide eine ähnliche Ansicht zu dem Thema: Wir wollten gehen dürfen, wenn der Zeitpunkt gekommen ist, in dem wir auf zu viel Hilfe (für unser Ermessen) angewiesen wären. Bei meinem Mann kam es durch seine Alzheimererkrankung dann leider anders, er hatte nicht das Glück, schnell gehen zu dürfen, es wurde ein jahrzehntelanger Abschied daraus. Aber ich hoffe für mich selbst noch darauf, irgendwann einfach umzukippen. Und wenn man mich dennoch in ein Krankenhaus bringt, nicht an fünf Maschinen angeschlossen wieder aufzuwachen.

Das Leben ist wunderschön, aber sich daran zu klammern, nimmt ihm den Zauber. Das ist meine Entscheidung. Und ich will nicht, dass meine Kinder sie für mich treffen müssen.

Die lächelnde Hausfrau

ÜBER DAS FRÜHER VORHERRSCHENDE FRAUENBILD

Ich glaube, ich habe eine Vorliebe, die nicht sehr verbreitet ist: Ich mag Fernsehwerbung. Auf den ersten Blick erzählen die Spots von Kaffee und Tabletten gegen Blasenschwäche. Aber in der Gesamtheit erzählen sie auch viel über die Gesellschaft – über das Familienbild, über berufstätige Frauen und leider auch über die immer noch starke Objektivierung von Frauen, die einfach nur mit ihrer Schönheit ein Produkt verkaufen sollen.

Vielleicht finde ich die Werbung heutzutage aber auch deswegen so spannend, weil mir über all die Jahrzehnte als Fernsehzuschauerin die Unterschiede zu früher so deutlich werden. Als ich gerade eine junge Mutter war, war die Botschaft der Werbung nämlich fast immer komplett anders. Meistens ging es darum, wie eine lächelnde Frau mit eingedrehten Locken, Petticoat-Kleid und Schürzchen ihrem von der Arbeit gestressten Mann eine möglichst schöne Zeit zu Hause bescheren kann. Weil sie ihm am Sonntagmorgen den richtigen Kaffee serviert, weil sie die richtigen Zigaretten kauft, weil sie die Flecken aus seinem Hemd herausbekommt und weil die Bratensoße gut gebunden ist.

Die Werbung richtete sich an Frauen, weil sie tatsächlich diejenigen waren, die in die Läden gingen und die Einkäufe erledigten. Nicht, weil sie in der Gesamtheit viel zu sagen gehabt hätten. Es spiegelte den Zeitgeist wider. Frauen waren für die drei Ks zuständig: Küche, Kinder, Kirche. Sei eine gute Christin, nicht etwa frivol; sei eine gute Mutter, die in der Rolle absolut aufgeht, und kümmere dich darum, dass die Bratenkruste so kross wie möglich ist. Gib alles, damit dein Mann nicht etwa auf die Idee kommt, fremdzugehen oder sich eine bessere Frau zu suchen. Auch das wäre dein Versagen.

Erziehungsratgeber erklärten, wie man Kinder dazu bringt, in Anwesenheit ihres Vaters möglichst viel zu lächeln, damit ihm das Dasein als Familienvater keinen Kummer bereitet. Wenn er zur Tür hereinkommt, sollte am besten erst ein glänzender Golden Retriever auf ihn zustürmen, sich dann zwei lächelnde Kinder in seine Arme werfen und am Ende die Frau aus der Küche in den Flur treten, mit einem Kochlöffel in der Hand und mit perfekt manikürten Fingernägeln.

Meine Güte, war das alles fürchterlich. Es führte nämlich nicht nur dazu, dass Frauen gesellschaftlich kleingehalten wurden, sondern auch dazu, dass kaum eine Frau das Gefühl hatte, die von der Gesellschaft gewünschte Rolle zu erfüllen. Viele meiner Freundinnen zerbrachen daran, dass die Realität in ihrer Familie diesem Traumbild nicht entsprach.

Mein Mann Ulli und ich hielten wenig von diesem Bild. Trotzdem führten wir nach heutigem Stand keine gleichberechtigte Beziehung. Das kommt allein schon daher, dass Familienplanung damals nicht möglich war. Ich wurde nach kurzer Zeit schwanger und musste die Schauspielschule abbrechen. Später begann ich ein Lehramtsstudium – wurde aber wieder schwanger. Danach, mit fast Mitte 30 und drei Kindern, fühlte es sich für mich so an, als wäre es für einen Start in das Berufsleben zu spät. Als hätte ich all die Möglichkeiten verpasst, weil andere Frauen in meinem Alter schon seit fast 15 Jahren arbeiteten.

Also kümmerte ich mich um den Haushalt. Sicher nicht wie in der Werbung. Dennoch ergab sich ein Ungleichgewicht, weil Ulli der Einzige war, der Geld nach Hause brachte. Und auch wenn es sich nie so anfühlte, wusste ich, dass ich damit von Ulli abhängig war.

Ich bin so stolz auf meine Töchter und Enkelinnen, die alle so gut in ihren Jobs sind. Bis sie wirklich die gleichen Chancen haben wie meine Enkel, sehe ich aber trotzdem noch Handlungsbedarf. Wer heutzutage als junge Frau Mutter wird, wird, auch wenn es weniger offensichtlich ist, immer noch mit viel zu vielen Erwartungen konfrontiert – vom Arbeitgeber, von anderen Eltern, manchmal auch vom Partner. Und es kann nicht sein, dass ein Land wie Deutschland nicht eine viel bessere Versorgung mit Krippen-, Kindergarten- und Kinderhort-Plätzen hinbekommt. Damit Eltern wirklich frei entscheiden können.

Der Nostalgiefilter

ÜBER DIE GEFAHR, DIE VERGANGENHEIT ZU VERHERRLICHEN

Wenn ich an meine Kindheit denke, spüre ich Sonne auf der Haut. Ich fühle Gerstenhalme, die um meine Beine streichen, während ich durch das Feld zu den Nachbarskindern renne. Ich schmecke die Birnen, die wir in ihrem Garten pflückten und aßen, während wir uns an den Birnbaum lehnten.

Ich bin mir sicher, dass es in meiner Kindheit oft geregnet hat. Wenn ich mich zwinge, darüber nachzudenken, fallen mir auch all die unangenehmen Momente ein: das Stapfen durch die Kälte zum Schulbus, die Zeit im Internat oder manche Worte meines Vaters, die mich verletzten. Aber wenn ich flüchtig an meine Kindheit denke, spielt mein Kopf zuerst den Goldener-Sommernachmittags-Film ab.

Es gab diese schönen Sommertage ja auch. Aber wie sehr mein Gehirn diese Momente in den Vordergrund rückt, ist eine Gemeinheit. Denn es streicht damit all die trägen, schmerzhaften und langweiligen Augenblicke, bis ich mich zwinge, über sie nachzudenken. Ich erinnere mich bewusst an die guten Momente, während all die anderen in meinem Hinterkopf schlummern.

Und das führt zu einem Phänomen, das der Schriftsteller Paul Watzlawick in seinem Buch »Anleitung zum Unglücklichsein« als Verherrlichung der Vergangenheit zusammenfasst. Als einen Filter, »der nur das Gute und Schöne in möglichst verklärtem Licht durchlässt«.

Ich finde diese Formulierung sehr treffend. Denn ich bin mir sicher, dass dieser Nostalgiefilter, wie ich ihn hier nennen möchte, sehr viele ältere Menschen sehr unglücklich macht. Wenn unser Kopf die Vergangenheit verklärt, uns immer nur an Momente erinnert, die wir intensiv und schön fanden, und nicht auch an all die öden Nachmittage, an denen man sich fragte, was man eigentlich mit sich anfangen soll, kann die Gegenwart im Vergleich nur schlecht abschneiden.

Selbst junge Menschen können das machen. Wenn sie eine verflossene Beziehung idealisieren und keinem neuen Partner eine Chance geben wollen. Oder wenn sie ihrem Studium und all der Freiheit hinterhertrauern, während sie am frühen Morgen mit der U-Bahn ins Büro zu ihrem Job fahren.

Aber als alter Mensch wird es noch viel leichter. Denn oft war der Alltag vor einigen Jahrzehnten ja tatsächlich schöner. Ich war bis vor einigen Jahren glücklich mit meinem Ehemann. Dass er nicht mehr lebt und wir unser Leben nicht mehr teilen, ist so traurig, dass ich den Nostalgiefilter noch nicht einmal auflegen muss. Oder wenn ich an all die Menschen denke, die im Alter Schmerzen haben. Natürlich ist es da naheliegend, die Jahrzehnte der Jugend zu verklären, in denen man morgens aus dem Bett hätte springen können, statt mit Schmerzen dazuliegen.

Wenn ich mit meiner Enkelin spreche, fallen mir immer wieder auch all die unschönen Dinge ein. Es ist der zuverlässigste Weg, um nicht dem Nostalgiefilter zu verfallen. Weil ich dann merke: In unserer Gesellschaft sind so viele Dinge besser geworden. Und in meinem Leben auch. Das einzig Schlimme, das ich im Alter durchstehen musste, ist die Trauer um meinen Ehemann Ulli. Aber abgesehen von diesem Einschnitt ist mein Leben im Alter voller schöner Momente, die mich glücklich machen. Ich habe kaum mehr Verpflichtungen und die Freiheit, meine Tage nach meinem Geschmack zu gestalten. Ich kann im Bett frühstücken, in Büchern schmökern und Mittagsschläfchen einlegen.

Wenn ich merke, dass mein Kopf beginnt, nostalgisch an die goldenen Sommernachmittage meiner Kindheit zu denken, rufe ich also meine Enkelin an und rede mit ihr über die Kolumne. Oder ich schlüpfe in meinen Mantel und laufe in den Park. Denn wenn es eine gute Sache gibt, die ich von der Verklärung der Vergangenheit lernen kann, ist es doch: Im Leben zählen die intensiven Momente. Sie sind das Wertvollste, das wir haben.

Also schaffe ich mir einfach neue Glücksmomente. Jetzt. In der Gegenwart.

Ich will kein Bratkartoffel-Verhältnis

ÜBER SELTSAME ANBAHNUNGSVERSUCHE IM ALTER

Ich kenne Felix schon mein ganzes Leben. Wir sind im selben Dorf aufgewachsen und haben zusammen Tennis gespielt. Außerdem schlenderte er fast jeden Tag zu unserem Haus, mit fadenscheinigen Anlässen für seinen Besuch. Mal wollte er sich von mir ein Buch leihen, mal mit meinem Vater über einen Aufsatz diskutieren, den er gelesen hatte. Mein Bauchgefühl hat mir schon damals gesagt: der Felix, der findet dich gut. Ich fand ihn auch gut, zum Tennisspielen. Aber nicht für mehr.

Felix heißt eigentlich anders, aber als mein erster und einziger Verehrer nach dem Tod meines Mannes verdient er einen Decknamen. Dabei waren seine Avancen nicht gerade elegant. Felix hielt all die Jahre über Kontakt. Auch in den Ehejahren. Er besuchte meinen Mann Ulli und mich und übernachtete immer gleich mehrere Tage bei uns. Ich fand es ja eigentlich nett, einen Kindheitsfreund wiederzusehen. Ich hätte es aber noch netter gefunden, wenn er nach einem Abendessen nicht »Du hast einen Fehler gemacht, dir diesen Mann auszusuchen« in seine Serviette genuschelt hätte, als Ulli gerade auf der Toilette war.

Aber erst vor einigen Jahren legte Felix richtig los – genau zu dem Zeitpunkt, als sich in der Stadt herumsprach, dass mein Mann an Alzheimer erkrankt war. Ständig stand Felix vor unserer Wohnungstür, mit frischen Blumen in der Hand, manchmal sogar mit Erstausgaben von Büchern, von denen er wusste, dass ich sie mochte. Wenige Wochen nach dem Tod meines Mannes trug dann ein Paketbote einen großen braunen Karton die Treppe hoch. Ich schnitt das Paketband auf und sah, dass in dem Karton ein verpacktes Geschenk lag. Bestimmt Bücher, so schwer, wie es war. Aufmachen wollte ich das Geschenk nicht. Ich klebte den Karton wieder zu und trug ihn zur Post. Ich war danach nicht nur wütend, sondern hatte auch noch Rückenschmerzen.

Um meine Wut zu verstehen, muss man wissen, dass Felix eine Freundin hat. Und zwar eine Freundin, der er von all den Besuchen bei mir nichts erzählt hat.

Ich kenne Männer wie Felix. Es sind bequeme Männer, die etwas suchen, das ich gerne als Bratkartoffel-Verhältnis zusammenfasse. Sie wollen eine Frau, die sich ganz um sie kümmert, wie eine Haushälterin. In Bratkartoffel-Verhältnissen sagen Frauen Sätze wie:

»Hier sind deine gebügelten Unterhosen.«

»Ich habe dir dein Kreuzworträtsel schon aus der Zeitung gerissen und auf den Beistelltisch gelegt.«

»Magst du heute wieder Speck im Eintopf?«

Mein Eindruck ist: Je älter und bequemer die Männer werden, desto eher suchen sie nach der Bratkartoffel-Liebe und nicht mehr nach der guten, gleichberechtigten. Das hat viel damit zu tun, dass die Männer meiner Generation noch sehr klassische Rollenverteilungen im Haushalt kennen. Aber das ist keine Entschuldigung, finde ich, so viel, wie heute über Gleichberechtigung geredet wird. Sie kennen das Konzept. Sie wollen aber lieber einen entspannten Lebensabend. Nur: den will ich auch.

Felix hat nach dem zurückgeschickten Paket wohl geahnt, dass es mit mir nicht so bequem wird, wie er sich das gewünscht hätte, und nie wieder angerufen. Gut so.

W sucht Mann für Konzertbesuche

ÜBER DIE FRAGE, OB ICH NOCH MAL EINE BEZIEHUNG WAGEN MÖCHTE

Ein großer Vorteil am Alter ist: Man hat endlich genügend Zeit, die Zeitung gründlich zu lesen. Also nicht nur beim Frühstück zwischen Käsebrot und Kaffee die Überschriften zu überfliegen und abends auf dem Sofa noch einige Artikel zu schmökern. Ich kann jetzt jedes Ressort durchgehen. Und habe sogar für etwas Zeit, das mich sowieso fasziniert: Kleinanzeigen (»Verschenke Grünlilie«) und Kontaktanzeigen.

Viele Kontaktanzeigen richten sich an Menschen zwischen 30 und 50. Natürlich. Das sind die Jahre, in denen die Menschen heutzutage ihre erste Ehe verlassen und auf die zweite zusteuern. Aber danach wird die Luft richtig dünn.

In meiner Altersgruppe gab es jahrelang immer nur eine einzige Anzeige, und stets am Ende der Spalte. Ein 76-jähriger Mann, sportlich, Nichtraucher. Er war mir per se ja schon mal sympathisch, weil er sich die »Schulter zum Anlehnen« und ähnlich schmierige Formulierungen sparte. Ein paar Wörter, die Chiffre, unter der man mit ihm Kontakt aufnehmen kann, das war's. Aber ich habe meine Chance wohl verpasst, seit einigen Monaten fehlt seine Anzeige. Ich hoffe, der Grund ist eine tolle Liebesgeschichte – und nicht ein Sarg.

Ich werfe in meinem Kopf immer wieder die Idee hin und her, ob ich noch einmal einen Partner haben möchte. Mein Mann ist vor einigen Jahren gestorben und war vorher durch seine Alzheimererkrankung nicht mehr er selbst. Ich habe also schon seit einigen Jahren das Gefühl, mich dem Leben alleine zu stellen. Das hat den Vorteil, dass ich nach meinem eigenen Rhythmus leben kann – aber in manchen Situationen vermisse ich es, einen Partner zu haben.

Was ich ganz sicher sagen kann: Ich will niemanden, der die Fernsehzeitung gründlich studiert und um den ich mich kümmern muss. Keinen alten Grantler. Sondern jemanden, mit dem ich die schönen Momente teilen kann. Einen Mann, der mich auf gute Weise am Leben hält. Der mich abends abholt und zu einem Konzert ausführt. Der gern liest und mir neue Autoren empfiehlt. Einen Gesprächspartner, der nicht in der Vergangenheit verharrt, sondern mit dem ich beim Frühstück über Seehofer und Söder schimpfen kann.

Einen solchen Mann zu finden, wird nicht leicht. Ich sehe das bei meinen weiblichen Bekannten. Manche von ihnen haben es probiert und sich im Alter noch einmal auf eine neue Beziehung eingelassen. Das waren leider eher abschreckende Beispiele.

Eine Freundin von mir, die leider vor kurzem gestorben ist, hatte einen Freund, der sich selbst wohl als Gentleman der alten Schule sah. Ich hingegen empfand ihn als einen eher schleimigen Typen, der zu vielen Frauen gleichzeitig den Hof machte mit seinen vermeintlich galanten Umgangsformen.

Alte Menschen sind wie Bäume im Winter, die all ihre Blätter verloren haben. Du siehst auf einen Blick, wie der Stamm gewachsen ist. In der Jugend kann man seine wahren Eigenschaften lange unter angenehmen Umgangsformen und interessanten Hobbys verbergen. Aber im Alter verstärken sich die Charaktereigenschaften und die Marotten fressen sich fest. Man kann sich nicht mehr so leicht anpassen und will das auch nicht mehr.

Mir geht es ja genauso. Deswegen an dieser Stelle meine ehrliche Kontaktanzeige: W, frühschwimmverrückt, Kaffeeschwarztrinkerin, sucht nach einem Mann, der die ersten 15 Minuten nach dem Aufstehen erst mal schweigt, dann ein angenehmer Gesprächspartner ist, der gern in die Oper geht, eine Meinung hat und nichts gegen ein Glas Wein und eine Käseplatte hat.

Ich glaube, die Suche wird noch ein bisschen dauern. Und falls es nicht klappt: auch gut. Ich bin zu alt für halbgare Sachen.

Was ich meinen Kindern vererben möchte

ÜBER MEINEN NACHLASS

Mein Großvater hatte ein Uhrengeschäft. Als er starb, war ich noch eine junge Frau. Ich kann mich kaum an seine Beerdigung erinnern, dafür aber umso besser an eine andere Szene. Einige meiner Verwandten versammelten sich in der Wohnung. Und dann gingen sie Stück für Stück den ganzen Besitz durch. Wer bekommt diese Taschenuhr? Wer diese Halskette?

Es war kein teurer Schmuck, den mein Großvater in seinem Laden hatte. Aber alle feilschten, mit einer Gier und einem Neid, als ob es darum ginge, wer seiner Familie am Ende des Monats noch etwas zu essen auf den Tisch stellen kann. Ich wartete etwas abseits am Fenster und war fassungslos.

Erbe kann das Schlimmste im Menschen hervorrufen. Ich habe in meiner Stadt schon von Geschwistern gehört, die nicht mehr miteinander sprechen, weil sie sich ungerecht behandelt fühlen. Oder die sogar vor Gericht gehen, weil sie sich nicht einigen können, wie das Haus ihrer Eltern verkauft und aufgeteilt werden soll. Wie fürchterlich! Die Vorstellung, dass man mit seinem Tod die Familie zerstört und die eigenen Kinder plötzlich Stielaugen bekommen.

Ich verstehe diese Anspruchshaltung nicht. Wieso denken manche, ein Recht darauf zu haben, viel zu erben? In eine Familie hineingeboren zu werden, ist schließlich keine Leistung, die man sich bezahlen lassen kann.

Mein Vater hat das so gesehen. Er hat als Chef eines Krankenhauses sehr gut verdient, meinen Geschwistern und mir aber immer gesagt: »Glaubt ja nicht, dass ich euch etwas übrig lasse.« Ich habe ihn verstanden. Er war im Krieg, er hatte Hunger auf das Leben. (Ein bisschen was blieb dann übrigens trotzdem übrig, danke für die nette Überraschung, Vater.)

Ich hingegen versuche, mein Erspartes nicht zu sehr anzugreifen. Denn ich finde den Gedanken, meinen Kindern etwas Geld zu vererben und ihnen damit ein Stückchen Sicherheit zu schenken, schön. Aber nur, weil sie es nicht als Selbstverständlichkeit ansehen und mich sogar ermuntern, mein Geld selbst zu verprassen.

Etwas möchte ich mir schon auch gönnen. Die meiste Zeit meines Lebens habe ich mich sehr zurückhalten müssen. Das Geld war fast immer knapp. Als mein Mann und ich heirateten, verdiente er 600 Mark, davon mussten wir die Miete für unsere kleine Wohnung in München-Haidhausen, das Auto und die ganzen Anschaffungen für unsere kleine Tochter stemmen. Später verdiente mein Mann zwar mehr, aber wir hatten ein Haus gebaut und deswegen hohe Schulden.

Ich habe in meinem Leben also schon viele Schwarz-wurzeln gekocht und gegessen. Darauf habe ich im Alter wirklich keine Lust mehr. Her mit den frischen Artischocken vom Markt.

Was vom Geld übrig bleibt, können meine Kinder unter sich aufteilen. Ich habe das zu Lebzeiten getestet. Bei jedem Umzug durften sie sich Möbel von mir aussuchen, ganz diskret. Ich gab ihnen kleine Klebepunkte in verschiedenen Farben. Damit sollten sie durch meine Wohnung gehen und die Sticker auf die Sideboards, Sessel und Schränke kleben, die sie gern haben möchten. Wollten zwei meiner Kinder dasselbe Möbelstück, haben sie das unter sich ausgemacht.

Einen größeren Gegensatz zu der Szene im Uhrengeschäft kann ich mir nicht vorstellen. Meine Kinder gönnen sich gegenseitig so viel. Eine schöne Seite am Alter ist übrigens, bei seinen erwachsenen Kindern immer wieder zu spüren, dass man bei der Erziehung einiges richtig gemacht hat.

Aber mit einer guten Sache kann ich sie noch überraschen, wenn ich mal sterbe. Sie wissen nicht, dass ich Grundbesitzerin in Schwaben bin. Mein Großvater hatte neben dem Uhrenladen nämlich auch ein winziges Gartengrundstück. Mein Vater erbte ein Viertel davon, ich dann ein Zwölftel und meinen Kindern wird jeweils ein Sechsunddreißigstel gehören. Vielleicht landen im Herbst ja ein paar Äpfel auf genau diesen Quadratmetern.

Isst du das noch?

Ich habe jetzt schon einige Jahre gelebt und kann mit
großer Sicherheit sagen: Der Sommer ist die beste Jahreszeit, allein wegen des guten Essens. Die Natur spült
auf einen Schlag Leckerbissen in die Läden. Kirschen,
Heidelbeeren, Salat, Tomaten, alles hat Saison. Der
Winter hingegen bietet Kohl. Es ist wirklich eine klare
Sache.

Das führt dazu, dass ich im Sommer fast nur noch
Obst und Gemüse in meinem Einkaufskorb nach Hause
trage. Ich kann an Melonen nicht vorbeigehen. Sie sind
mein liebstes Abendessen im Sommer. Erst ein Käsebrot, dann Melone, in kleine Stücke geschnitten, noch
kalt aus dem Kühlschrank. Und so süß und reif, dass ich
sie schon fast mit meiner Zunge im Mund zerdrücken
kann.

Melonen zeigen aber auch besonders deutlich eine
Folge des Älterwerdens: Ich schaffe keine großen Portionen mehr. Eine Melone ist für meinen Magen eine
kaum zu bewältigende Aufgabe geworden. Selbst wenn
ich nur eine Netzmelone kaufe oder eine dieser besonders klein gezüchteten Wassermelonen, habe ich keine
Chance. Ich schneide mir ein, zwei Schnitze heraus und

versuche, den Rest gut abgepackt im Kühlschrank zu verstauen. Was ich meistens nicht hinbekomme, denn obwohl ich einen Küchenschrank voller Tupperware habe, finde ich nie den passenden Deckel zu den Gefäßen. Und wenn ich die Suche aufgebe und dann versuche, ein Stück Küchenfolie abzureißen, obwohl ich doch eigentlich so wenig Plastik wie möglich verwenden möchte, scheitere ich an diesen Rollen und habe am Ende ein verklebtes Häufchen Küchenfolie in der Hand. Wenn ich also entscheide, eine Melone anzuschneiden, weiß ich auch, dass ich nun tagelang an ihr nagen und immer wieder Küchenfoliendramen erleben werde.

Es ist wohl das gleiche Problem, das Singles im Supermarkt haben: Eigentlich sind alle dort angebotenen Produkte zu groß für mich. An einem Käsestück esse ich wochenlang, Butter schaffe ich nie vor dem Ablaufdatum, eine Tüte Milch sowieso nicht. Früher hätte ich das Problem pragmatisch gelöst und mich gezwungen, alles aufzuessen und auszulöffeln. Aber je älter ich werde, desto weniger spielt mein Magen mit.

Ich war noch nie eine große Esserin, das hängt auch mit der Hektik zusammen, einen Schwung Kinder großzuziehen. Damals schaffte ich es meistens, mir ein paar Gabeln Nudeln in den Mund zu stecken, bevor ich damit beschäftigt war, Tomatensauce von meinen Kindern oder Enkeln zu wischen. Trotzdem fällt mir auf, wie sehr mein Appetit im Alter abgenommen hat. Ich habe noch die gleiche Lust auf Schokokuchen, Nüsse oder Käse, aber nach ein paar Bissen bin ich schon gesättigt. Es fühlt sich so an, als wäre in meinem Magen kein Hohlraum mehr, als wäre er zusammengeschrumpelt wie eine Trockenfrucht.

Weil ich Lebensmittel nicht wegwerfen möchte, habe ich einen anderen Weg gefunden: Ich suche mir Komplizen. Ich lade Besuch ein, der mir hilft, die Melone zu essen. Es ist sowieso netter, Sommerabende plaudernd mit Weißwein und Gästen auf dem Balkon zu verbringen, und ich bin froh, wenn mein Besuch auf meinen Teller schielt und fragt: »Isst du das noch?« Bei Butter löse ich es anders. Anstatt wochenlang an dem Stück zu schaben, landet es nach kurzer Zeit einfach in einem Kuchenteig. Und es gibt eine einfache Regel: Je mehr Kuchen man im Haus hat, desto mehr Besuch bekommt man auch. Irgendwie schön.

Die Entdeckung der Langsamkeit

ÜBER EIN LEBEN MIT HALBER GESCHWINDIGKEIT

Ich sollte eigentlich mit dem Tagebuchschreiben anfangen. Früher hatte ich nicht genügend Zeit dafür. Denn es passierte jeden Tag so viel, dass ich am Ende des Tages keine Lust hatte, das alles nochmals gedanklich durchzugehen und auf fünf Seiten zusammenzufassen. Aber jetzt im Alter könnte das gehen. Was ich heutzutage an einem Tag mache und denke, füllt vielleicht eine Seite. Und ich hätte die Zeit dazu, mich abends an den Sekretär zu setzen und die Sätze zu notieren.

Je älter ich werde, desto langsamer fühlt sich mein Leben an. Ich erlebe jeden Tag viel weniger als früher, dafür dauert alles länger. Es kommt mir so vor, als würde mein Leben nur noch mit halber Geschwindigkeit laufen, wie ein Film, den man langsamer abspielt.

Aufstehen, duschen, Kaffee kochen, meine Brille suchen, damit ich die Zeitung lesen kann ... Früher waren das Erledigungen, die ich in wenigen Minuten abgehakt habe, damit das Familienfrühstück irgendwie pünktlich fertig wurde und ich die Kinder mit den Schulranzen aus dem Haus scheuchen konnte. Heute dehne ich mein Morgenritual auf eine Stunde aus.

Eigentlich ist es klar. Mein Körper bereitet mir zwar keine Schmerzen, aber meine Muskeln haben etwas von ihrer Spannkraft verloren. Ich fühle mich schneller erschöpft, wie ein Akku, der sich sehr schnell entlädt. Wenn ich mich an einem Tag mit Freunden auf einen Kaffee treffe, dann reicht mir das. Den Rest des Tages möchte ich bitte mit Kaffee im Bett oder auf dem Sofa verbringen und ein gutes Buch lesen. Und später dann ein ausgedehntes Mittagsschläfchen einlegen.

Weil ich in einer Woche meist doch ziemlich viel vorhabe, freue ich mich richtig auf die Lücken in meinem Kalender. Freitagnachmittag zum Beispiel versuche ich mir immer freizuhalten, denn dann erscheint das CUS-Rätsel im SZ-Magazin. Mich mit dem Heft ins Wohnzimmer zu setzen und in den Untiefen meines Kopfes nach den Lösungswörtern zu suchen, macht mich glücklich. Dass ich an dem Tag damit quasi nichts anderes mehr unternehme, kann ich mir gönnen.

Überhaupt ist mein entschleunigtes Leben nichts, das mich ärgert. Ganz im Gegenteil. Ich habe im Alter die Zeit und kann sie mir ohne ein schlechtes Gewissen nehmen. Selbst wenn es zwei Stunden dauert, zum Wochenmarkt und wieder zurück zu laufen – was macht das schon? Ich erfreue mich auf dem Weg an den kleinen Dingen des Alltags: den Bäumen im Park und dem Zwitschern der Vögel.

Viele Menschen geben Geld für Achtsamkeitskurse aus oder versuchen durch Meditation, den Moment bewusster wahrzunehmen. Falls das nicht funktionieren sollte, kann ich sie trösten: Im Alter kommt das ganz von allein. Das langsame Tempo zwingt einen, sein Leben zu entschleunigen und im Moment zu leben. Das Alter ist ein Achtsamkeitskurs, für den man sich nicht anmelden muss.

Wer hat das getrunken?

ÜBER WEIN UND VERZICHT

Manchmal erschrecke ich, wenn ich am Kühlschrank stehe. Eigentlich wollte ich nur ein Glas Pinot Grigio zum »Donna Leon«-Film trinken. Dann habe ich noch mal etwas nachgeschenkt, weil so ein Glas keine 90 Minuten hält. Aber wie kann es sein, dass die Weinflasche, die ich gerade erst geöffnet habe, schon wieder halb leer ist?

Da ich allein wohne, kann ich sicher sein, dass sich niemand heimlich an meinem Wein bedient hat. Also muss ich eine unangenehme Schlussfolgerung ziehen: Ich habe eine laxe Beziehung zum Alkohol entwickelt.

In meiner Familie gehörte es immer zum guten Ton, abends ein Glas Wein zu trinken und sich mit den Rebsorten auszukennen. Es gab in meiner Generation eine »Toskana-Welle«. In den Schulferien packten die Familien ihre Autos bis unter das Dach voll und reihten sich in den Stau auf der Autobahn in Richtung Süden ein. Und genauso wurde es zum Trend, den mediterranen Lebensstil, das süße Leben, zu Hause etwas abzukupfern. Ich ließ die Butter im Kühlschrank, briet unser Gemüse in Olivenöl an und achtete darauf, dass wir immer guten Käse und Wein vorrätig hatten.

Früher lebten wir in einem Haus auf dem Land. Wir hatten einen Garten mit einem Kirschbaum, durch dessen Zweige abends die Sonne auf die Terrasse schien. Mein Mann und ich sahen uns tagsüber nicht viel, umso wichtiger war uns das gemeinsame Glas Wein am Abend. Und zwar kein klebrig süßer Rosé, sondern trockene italienische Rebsorten. Wir hatten die Flaschen im Urlaub auf den Weingütern gekauft und großzügig in unseren Ferienwohnungen verkostet. Den Wein auf der heimischen Terrasse zu entkorken, brachte etwas Urlaubsgefühl zurück und war ein Moment absoluter Ruhe im Alltag. Aber es blieb bei einem Glas. Wir mussten am nächsten Tag ja früh raus.

Mir hat der Wein damals genauso gut geschmeckt wie heute. Mein Problem mit den halb leeren Flaschen muss also mit dem Alleinsein zusammenhängen. Damit, dass man über sein eigenes Verhalten nicht mehr nachdenkt. Das spüre ich auch in anderen Situationen: zum Beispiel wenn ich ein gutes Buch lese und währenddessen die Reste aus einem Marmeladenglas mit einem Löffel nasche. Irgendwann bemerke ich, dass ich nur noch über Glas schabe. Früher wäre eines meiner Kinder durchs Wohnzimmer gelaufen und hätte lachend gerufen: »Wie du immer in den Büchern versinkst!« Und so schenke ich mir gedankenverloren Wein nach, ohne dass mich jemand sanft korrigiert, indem er fragt: »Noch eins?«

Aber die fehlende Rückmeldung ist es nicht allein.

Wenn ich im Supermarkt an der Kasse stehe, sehe ich immer wieder Frauen und Männer in meinem Alter, die diese günstigen kleinen Schnapsflaschen aufs Warenband legen, verschämt unter eine Packung Toast, eine Milchtüte und eine Packung Scheibensalami. Einsamkeit fühlt sich sehr kalt an. Und Alkohol wärmt für einen kurzen Moment. Das macht ihn für alte Menschen so gefährlich.

Ich bin froh, dass ich nicht aus diesem Grund trinke, sondern immer noch aus reinem Genuss. Denn so fällt es mir leichter, an meinem Verhalten zu arbeiten. Ich habe einen Trick für mich gefunden: Ich nehme nicht mehr meine wunderschön bauchigen Weißweingläser, in die man beim Einschenken eine viertel Flasche Wein kippt, sondern meine zarten Kristallgläser. Die sind schnell leer getrunken. Selbst mir fällt dann auf, wenn ich zu oft zum Kühlschrank laufe und nachschenke.

Und seit dem Tod meines Mannes verzichte ich immer wieder einige Wochen lang ganz auf Alkohol. Ich möchte wissen, dass ich es noch kann. Und es geht. Das ist das Entscheidende. Nur mit diesem Wissen kann ich den Weißwein auch genießen.

Die Marmeladenfabrik

ÜBER DAS EINKOCHEN UND DANKBARKEIT

Einige Monate im Jahr führe ich ein kleines Unternehmen. Es sind die Wochen von der Erdbeerernte bis zur Quittenzeit. In dieser Zeit klingeln immer wieder schwer bepackte Verwandte an meiner Wohnungstür. Sie liefern kiloweise Früchte an. Schau mal, ich habe Kirschen gepflückt. Schau mal, Johannisbeeren aus meinem Garten. Schau mal, zwei Taschen voller Quitten. Schönen Dank auch.

Ich bin die Einmachkönigin in meiner Familie. Ich produziere schwungvoll etikettierte Marmeladengläser wie am Fließband. Nur wäre ich im Sommer gern ein Oktopus mit acht Armen. Dann könnte ich einen benutzen, um die Zuckermasse im Topf stetig zu rühren, sodass sie nicht anbrennt. Zwei Arme bräuchte ich, um gleichzeitig die Gläser auszukochen. Einen Arm, um die Etiketten zu beschriften, einen, um sie auf die Gläser zu kleben. Zwei Arme, um den Schaum von der frischgekochten Marmelade abzuschöpfen und sie dann in die heißen Gläser zu gießen. Und den letzten freien Arm, um dazu ein Glas kühlen Weißwein trinken zu können. Gegen diesen Stress.

Obwohl ich nur zwei Arme habe, schaffe ich es im-

mer wieder, eine beachtliche Zahl an Marmeladenglä-
sern zu füllen. Am Ende eines Sommers quillt mein
Vorratsschrank über. Auf den Regalbrettern stapeln
sich die Gläschen und Hebelflaschen: Erdbeermarme-
lade, Johannisbeergelee, Holunderblütensirup, Quitten-
gelee und Kirschmarmelade.

Aber die Gläser stehen da nicht lange. Denn all meine Familienmitglieder, Freunde und wirklich entfernten Bekannten, die ich bestenfalls in der Fußgängerzone grüße, rechnen fest mit meiner Marmelade. Um
nicht allzu unhöflich zu wirken, verklausulieren sie
ihre Bestellungen. »Du, deine Kirschmarmelade letztes
Jahr hat so himmlisch geschmeckt.« Ja, verstanden …
Bei meinem nächsten Besuch bringe ich also zwei Gläser mit.

An sich stört mich das alles ja nicht. Ich koche gerne Früchte ein, irgendwie hat diese Tätigkeit sogar etwas Meditatives. Ich denke an nichts anderes als an die
nächste Gelierprobe. Andere müssen für diesen Grad
an geistiger Entspannung den Jakobsweg laufen. Und
ich freue mich, dass den Leuten meine Marmelade
schmeckt.

Was mich hingegen stört, ist die Reaktion auf meine
Marmeladengläser. Früher haben sich die Leute über-
schwänglich bedankt. Aber je mehr Falten ich im Gesicht habe, desto kleiner fällt das Dankeschön aus.

Es ist ein Muster, das ich immer wieder beobachte.
Als junge Frau einen Kuchen als Gastgeschenk mitbrin-

gen: Du bist toll, danke! Als alte Frau: Ah, du hast mal wieder gebacken?!

Manche Aufgaben werden von der Gesellschaft bei alten Menschen nicht mehr als solche wahrgenommen. Es sind Dinge, die ältere Frauen in den Augen vieler anscheinend einfach tun. Ältere Frauen backen und kochen halt viel, da fällt schon mal was ab. Nicht der Rede wert. »That's what old ladies do«, wie meine Enkelin trocken zusammenfasste, als ich ihr meinen Ärger erklärte.

Aber Omas sind keine Marmeladen-, Geburtstagskuchen und Nussstängelchen-Fabriken. Wenn ich mich in die Küche stelle, ist es für mich die gleiche Arbeit wie für einen jungen Menschen. Deswegen an dieser Stelle ein Aufruf an alle, die von marmeladekochenden Omas oder Opas profitieren: Bedankt euch für das nächste Glas Himbeermarmelade bitte genauso, wie ihr euch bei einem Freund in eurem Alter bedanken würdet, wenn er etwas für euch einkocht. Glaubt mir, eure Großeltern werden sich freuen. Und hier noch ein weiterer Aufruf: Liebe Familie, Freunde und Bekannte, bringt mir bitte die leeren Gläser zurück. Sonst hat die Firma Grossmann nächstes Jahr Lieferschwierigkeiten.

Lieber Münzen als Scheine

ÜBER KLEINGELD AN DER KASSE
UND RENTENSICHERHEIT

Ich habe eine Bekannte, die von ihrem Charakter her quasi eine Heilige ist. Sie ist großzügig, interessiert, offen und selbstlos. In ihrem ganzen Leben hat sie sich darum gekümmert, dass es den Menschen in ihrem Umfeld gut ging. Sie kochte, backte, umarmte und hörte richtig zu, wenn man ihr etwas erzählte.

Dabei ist sie in meinem Bekanntenkreis diejenige, die mit dem wenigsten Geld über die Runden kommen muss. Eine Fast-immer-Hausfrau-mit-verstorbenem-Ehemann hat keine hohen Rentenansprüche. Die Beträge, die auf ihrem Konto eintreffen, sind so gering, dass sie an allen Ecken und Enden sparen muss. Sie kauft keine Klamotten und schabt Karotten mit dem Messer ab, weil mit einem Schäler zu viel von dem Gemüse verlorengehen würde.

Armut ist im Alter ein großes Problem. Das zeigen Statistiken, aber das zeigt mir auch jeder Besuch im Supermarkt, wenn ich sehe, was viele andere Senioren an der Kasse auf das Band legen: Toastbrot, vielleicht noch eine Packung Scheibenkäse, Fencheltee oder den günstigsten Kaffee. Und es gibt Senioren, die sich selbst das kaum leisten können und stattdessen zur Tafel gehen müssen.

Ich habe großes Glück, denn wenn ich ein wenig aufs Geld schaue, werde ich nicht von Armut bedroht sein. Doch mein Mann und ich hatten in den ersten Jahren unserer Ehe wenig Geld, weshalb ich mich an all die schlechten Gefühle, die damit zusammenhängen, noch gut erinnern kann. An die sorgenvollen Blicke, wie viel Haushaltsgeld noch im Geldbeutel ist. An all das Gemüse, das ich in dieser Zeit kochte, weil es die günstigste Möglichkeit war, uns satt zu bekommen. An die winzige Wohnung, in der wir mit unserer ersten Tochter lebten.

Überhaupt wurde meine Generation zur Sparsamkeit erzogen. Wir waren die Kriegs- und Nachkriegskinder, die wussten, wie man altes Brot beim Frühstück besser hinunterbekommt (ins Getränk tunken) oder wie man es zu Brotsuppe und Armen Rittern verarbeiten kann, wenn auch das nicht mehr geht. Unsere Eltern und Großeltern gaben uns nicht das Gefühl, dass es in Ordnung ist, sich etwas zu gönnen. Wie ich einmal beschrieben habe, hätte ich mir in meiner Kindheit niemals Butter UND Marmelade aufs Brot schmieren dürfen. Das war in den Augen meiner schwäbischen Großmutter eine Sünde und Verschwendung.

Diese alten Ermahnungen hallen in mir nach. Wenn ich zum Beispiel nach dem Schwimmen beim Bäcker vorbeigehe und mir eigentlich gern eine frische Semmel kaufen würde, sagt die Stimme in meinem Hinterkopf: »Aber du hast doch Brot zu Hause.« Weil ich weiß, wie viel Lebensglück mir gutes Essen bringt, kämpfe ich gegen diese Stimme an. Ich kaufe mir würzigen Bergkäse am Stück statt günstigen Scheibenkäse, weil mich jeder Bissen glücklich machen wird. Oder ich gönne mir den roten Mantel, weil er mir jedes Mal, wenn ich hineinschlüpfe, Freude bereitet. Ich kann es mir leisten. Aber ich arbeite in diesen Momenten gegen meine Erziehung an. Und ich glaube, dass das Diktat der Sparsamkeit in unserer Kindheit auch das Phänomen der kleingeldkramenden Senioren an der Kasse erklärt. Es fühlt sich für mich so viel besser an, mit Münzen zu bezahlen, als einen Schein aus dem Geldbeutel zu ziehen.

Aber ich glaube, dass meine Generation es trotzdem verhältnismäßig gut hatte und hat. Der Blick in die Zukunft bereitet mir Sorgen. Wie sich unser Leben entwickelt hat, wäre heute gar nicht mehr möglich, glaube ich. Mein Mann Ulli und ich schafften es, trotz eines niedrigen Einkommens ein Haus zu bauen, was später die Grundlage unserer finanziellen Sicherheit wurde.

So etwas wird im Leben meiner Enkel wohl nicht mehr möglich sein. Selbst eine Wohnung zu kaufen, wird für viele in ihrem Alter unerreichbar sein. Wenn ich sehe, wie hoch die Lebenshaltungskosten mittlerweile sind und wie unbezahlbar gleichzeitig Wohnraum geworden ist, frage ich mich, wo das hinführen soll. Hinzu kommt, dass der Generationenvertrag auf immer wackligerem Gerüst steht. Immer mehr Menschen brauchen die Rente, immer weniger Menschen arbeiten und zahlen ein.

Ich habe keinen größeren Wunsch in meinem Leben, als dass es meinen Kindern, Enkeln und Urenkeln gut gehen wird. Aber werden sie sich ihr Leben leisten können? Werden sie im Alter noch abgesichert sein? Und wie lange werden sie arbeiten müssen, bevor sie überhaupt in Rente gehen dürfen? Das sind die Fragen, die mich wirklich unglücklich machen.

Bitte ins Altenheim!

An die Zukunft zu denken, fühlt sich im Alter ganz anders an als in der Jugend. Früher fantasierte ich von meiner Karriere, dem Leben meiner Kinder und den Reisen, die ich machen wollte. Heute habe ich zwar immer noch das Gefühl, einige gute Jahre vor mir zu haben. Aber gleichzeitig droht ein Szenario, das mir Angst macht: dass es auch einige schlechte Jahre geben könnte, in denen ich auf Pflege angewiesen bin.

Ich habe meine Mutter mehr als zwanzig Jahre lang gepflegt. Sie wohnte in unserem Haus in einer Einliegerwohnung unter dem Dach. Meine Mutter hatte Medizin studiert und war Ärztin auf dem Land gewesen. Weil sie beruflich so eingebunden und fast nie zu Hause war, hatten wir eine Haushälterin. Als sie im Alter dann zu mir zog, hatte sie leider kein Gespür dafür, wie viel Mühe Hausarbeit eigentlich ist.

Ich hatte meine Mutter wirklich lieb, aber die gemeinsamen Jahre unter einem Dach waren nicht gut für uns. Ich wollte ihr helfen, aber hätte mir auch gewünscht, dass sie mir ab und zu gezeigt hätte, dass sie meine Anwesenheit und Unterstützung schätzte. Stattdessen gab sie mir sehr genaue Anweisungen, wann ich sie zum Friseur bringen und dass es am Sonntag Braten geben sollte. Ich hätte eigentlich lieber Nudeln mit Pilzsauce gekocht – etwas, das ich gerne esse. Aber so etwas spielte keine Rolle mehr.

Bevor meine Mutter zu mir zog, respektierten wir uns. Aber unsere Beziehung litt unter der Nähe und der Abhängigkeit. Ich ertrug diese herrische Seite meiner Mutter nur schwer. Weil ich manchmal vergaß, wie viele gute Seiten sie auch hatte.

Ich denke momentan sehr häufig an diese Jahre. Denn irgendwann wird sich diese Frage auch in meinem Leben stellen: Wie soll es weitergehen, wenn ich einmal auf Hilfe angewiesen bin? Gerade geht es mir ganz gut. Ich lebe in meiner kleinen Wohnung, schaffe es, staubzusaugen, Marmelade einzukochen und den Boden feucht zu wischen. Aber wie lange werde ich diese großen oder kleinen Aufgaben des Alltags noch stemmen können? Salatköpfe und Tomaten trage ich ohne Probleme vom Wochenmarkt nach Hause, schwere Einkäufe kann ich nicht mehr schleppen. Weil ich gerne Riesling trinke, bringt mein Schwiegersohn die Weinflaschen mit dem Auto vorbei. Aber was, wenn er einmal mehr Verantwortung tragen muss?

Was also soll mit mir passieren, wenn ich es nicht mehr schaffe, meinen Alltag allein zu organisieren? Sollte dieser Fall eintreten, habe ich einen klaren Wunsch: Ich will im Altenheim leben – und nicht etwa von meinen Kindern gepflegt werden.

Die Pflege ist eine große Belastung. Ich weiß, wie schlecht es mir körperlich ging, bevor ich meinen Mann Ulli schweren Herzens ins Heim gab. Ich war ein Wrack. Ich schlief zu wenig und hob zu schwer, wenn ich ihm beim Aufstehen half oder ihn beim Gehen stützte. Der ganze Tagesablauf drehte sich um meinen Mann – wie früher um die Bedürfnisse meiner Mutter. Ich zerrieb mich an der Aufgabe. Das jemals meinen Kindern aufzubürden, ist für mich unvorstellbar.

Als ich die Entscheidung getroffen hatte, dass Ulli im Heim leben muss, weil ich es nicht mehr schaffte, ging es mir sofort besser. Ich konnte wieder wirklich für ihn da sein. Nicht wie eine Hülle, die funktioniert und kocht und putzt und wäscht und sich kümmert. Sondern Zeit mit ihm verbringen, ihm in die Augen schauen, ihm zuhören, seine Hände streicheln, wenn er das wollte.

Ich habe durch ihn erlebt, wie viel Mühe sich die PflegerInnen in Altenheimen geben. Natürlich werde ich darunter leiden, wenn ich meine Wohnung aufgeben muss. Aber ich weiß, dass sich die PflegerInnen auch um mich gut kümmern werden. Meine Kinder, Enkelinnen und Enkel sollen ihre Leben frei weiterleben, ich bin stolz auf sie. Und ich freue mich dann auf die Besuche, bei denen sie fröhlich sind und mich herzlich umarmen. Das ist mir wichtiger als die Frage, wer mich stützt, wenn ich morgens aufstehen möchte.

Eine Liebeserklärung an den Mittagsschlaf

ÜBER DIE MAGISCHE WIRKUNG VON PAUSEN IM ALLTAG

In der kleinen Stadt, in der ich lebe, gibt es einen wundervollen Botanischen Garten. Ich liebe Pflanzen und hatte früher selbst einen großen Garten. Jetzt nutze ich den Botanischen Garten, um meine Pflanzensehnsucht zu stillen. Vor kurzem war ich dort vormittags bei einer Führung. Der Botaniker stellte uns die Pflanzen des Jahres vor. Wir liefen eineinhalb Stunden durch den Außenbereich und blieben immer wieder stehen, hörten ein paar witzige Infos, zum Beispiel über die Flatterulme. Aber egal, wie sehr ich mich über die Flatterulme amüsierte, merkte ich, dass ich immer häufiger auf meine Uhr schaute. Es war Zeit für mein Mittagsschläfchen.

Auf dem Nachhauseweg hatte ich ein klares Ziel vor Augen: mein Sofa. Ich schloss die Wohnungstür auf, und da wartete es schon auf mich. Es sah aus wie eine Einladung. Auf dem Polster lag die Wolldecke bereit, in die ich mich so gern kuschle. Ich knipste noch die Stehlampe an, weil die Glühbirne wie eine kleine Sonne meinen Kopf wärmt. Dann breitete ich die Decke über mir aus, schmiegte mich an die weichen Wollfasern, las ein paar Seiten in meinem E-Reader, bis er sanft neben mich aufs Sofa rutschte – und schloss die Augen.

Gibt es ein größeres Glück als einen Mittagsschlaf? Kann das Leben noch wohliger und schöner sein? Ich glaube nicht.

Mein Mittagsschlaf ist mir heilig geworden. Nie länger als eine halbe Stunde, das ist eine wichtige Regel – dann fühle ich mich so erfrischt und wach, wie ich es allein mit Kaffee niemals schaffen würde.

Dass ich mir überhaupt Mittagsschlaf gönnen kann, ist neu für mich. Früher als junge Mutter? Unvorstellbar. Und selbst im Alter war er nicht immer drin. Aber jetzt ist Zeit zu einer Währung geworden, von der ich viel ausgeben kann. Und ich investiere sie am liebsten in dieses Schläfchen zur Mittagszeit.

Das hängt sicher auch damit zusammen, dass ich nachts nicht mehr so gut schlafe. Früher fühlte ich mich abends oft abgekämpft und fiel bis zum frühen Morgen in einen göttlichen Tiefschlaf. Heute stehen die Dinge anders. Das Ins-Bett-Gehen klappt noch ganz gut, gerade wenn ich ein Glas Weißwein getrunken habe. Dann schalte ich etwa um halb elf den Fernseher oder die Musik aus, nehme meinen E-Reader und gehe zu Bett. Ich schlafe nicht gern, ohne vorher zumindest ein paar Seiten gelesen zu haben. Und das Angenehme am E-Reader ist, dass er leicht ist. Ich trainiere nicht mehr meine Unterarme, weil ich die dicken Wälzer vor meine Nase halte. Und für meine Augen ist der E-Reader auch besser, weil ich mir die Schrift so groß einstellen kann, dass ich sie lesen kann.

Mit so einem schönen Leseritual ist das Einschlafen kein Problem. Das Problem kommt erst am Morgen danach. Ich meine den frühen Morgen: Oft werde ich zwischen vier und fünf Uhr wach. Und fühle mich dann so wach, dass ans Noch-mal-Umdrehen-und-Weiterschlafen gar nicht zu denken ist.

Die senile Bettflucht ist also kein Mythos, sondern Wirklichkeit in meinem Leben. Früher kostete ich jede Minute, die ich noch im Bett bleiben konnte, aus. Diese matte, samtene Müdigkeit am Morgen habe ich verloren. Mein Geist ist morgens jetzt wie aufgedreht.

Weil ich weiß, dass ich nicht dagegen ankämpfen und das Weiterschlafen nicht erzwingen kann, habe ich beschlossen, die Zeit zu nutzen. Meistens lese ich, bis ich mit meinem liebsten Morgenritual starten kann: den Vorbereitungen fürs Frühschwimmen. Ich gehe ins Badezimmer, schlüpfe in meinen Badeanzug und meine Klamotten, setze mir noch meine rosafarbene Mütze auf und laufe zum Schwimmbad. Dann mit Schwung ins kalte Wasser, was sich auch viel weniger schlimm anfühlt, wenn man hellwach ist. Und langsam meine Bahnen ziehen, bis die Muskeln warm sind.

Zu Hause gönne ich mir ein Frühstück im Bett und lese Zeitung. Aber dort meinen Mittagsschlaf machen?

Lieber nicht. Dafür sind das Sofa und die Stehlampen-Wärmesonne viel zu anziehend. Und allein wegen dieses Lebensglücks frage ich mich manchmal, warum ich jemals Angst vor den leeren Tagen im Alter hatte. Sie sind ziemlich großartig.

Schluss mit der Wegwerfmode

ÜBER DAS POLYESTERPROBLEM

Ich schrumpfe. Ein paar Zentimeter Körpergröße sind mit dem Alter verlorengegangen. Das zeigt das Maßband – und das zeigen auch meine Sommerklamotten. Wenn es warm ist, trage ich am liebsten Marlene-Hosen aus Leinen. Denn die haben einen großen Vorteil: Selbst wenn ich nach dem Freibad mit nassen, verstrubbelten Haaren nach Hause laufe, sehe ich dank der Hosen noch einigermaßen elegant aus. Aber weil ich immer kleiner werde, reichen sie mir in diesem Jahr bis über die Ferse.

Ich bin keine junge Frau mehr, die jeden Trend mitmachen muss. Die Ruhe des Alters zahlt sich manchmal aus. Manche Jugendlichen schneiden ihre Hosen einfach ab und lassen die Fransen unten stehen. Aber ich bin zu alt für Fransen. Also werde ich die Hosen zur Schneiderin bringen.

Das Vorurteil, dass alte Menschen über Modetrends schimpfen, nervt mich trotzdem. Denn ich finde, dass sich viele jüngere Menschen wirklich gut anziehen. Natürlich habe ich das meiste davon schon gesehen.

Plisseeröcke trug ich bei meinen ersten Auftritten als Schauspielerin in den sechziger Jahren. Den Faltenrock, den meine Tochter in den Siebzigern trug, zieht jetzt meine Enkelin an. Und die Pilotenbrille, die mein Mann in den achtziger Jahren auf der Nase hatte, wäre jetzt auch sehr begehrt. Aber das ist doch nicht schlimm. Mode bestand schon immer aus Wiederholung. Und jede Generation hat das Recht, Dinge für sich neu zu entdecken.

Wenn ich durch die Filialen einiger Modeketten laufe, stört mich etwas ganz anderes: die Qualität der dort angebotenen Sachen. Viele Teile sind darauf ausgelegt, dass die KundInnen sie nach einer Saison wieder ausmisten müssen. Weil sie billig sein sollen. Weil schnell wieder etwas Neues in den Läden hängen soll. Und das alles zu Lasten der armen Menschen, die das produzieren.

Ich mag diesen Wegwerfkonsum nicht. Deswegen muss ich an dieser Stelle kurz die Früher-war-alles-besser-Keule hervorholen. Und zwar mit der Aussage: Früher waren Klamotten noch so gut genäht, dass man sie ein paar Mal ändern lassen und so den aktuellen Trends anpassen konnte. Deswegen trug man sie auch viel länger.

In meiner Jugend hatte ich ein Kleid für besondere Anlässe. Aber wenn man die Fotos meiner Teenagerjahre anschaut, würde man niemals darauf kommen. Denn das Kleid sah zu jedem Anlass anders aus. Immer wenn ein Fest anstand, durfte ich es zu der Schneiderin bringen, die Modezeitschriften mit französischen Schnitttrends auf dem Wartetisch liegen hatte. Ich überredete sie, dass sie den Saum etwas kürzer schnitt, als meine Mutter es eigentlich vorgesehen hatte. Auf jeden Fall schrumpfte es mit den Jahren von einem Kleid mit Stehkragen und wadenlangem Rock zu einem schulterfreien Cocktailkleid. Es saß immer perfekt.

Das würde mit den Kleidern aus Polyester, die aktuell in einigen Läden hängen, nicht mehr gehen. Übrigens riechen die Menschen erst so penetrant nach Schweiß, seitdem sie Plastikfasern tragen. Aber das ist eine andere Geschichte.

Aber jetzt höre ich auf, die Vergangenheit zu romantisieren. Schließlich gibt es heute ebenfalls Trends, die der Wegwerfkultur entgegenwirken. Der Hang zu Second-Hand-Klamotten zum Beispiel. Ich sehe auf den Straßen momentan alte Adidas-Trainingsjacken, wie ich sie früher nach dem Sport trug. Und meine Enkelin hat mir erzählt, dass junge Frauen in Vintage-Läden nach gebrauchten Levi's-Jeans suchen, die Hosenbeine abschneiden und sie dann als kurze Hose tragen. Irgendwie tröstlich, oder?

Keine Lust auf Beige

ÜBER STIL IM ALTER

Ich wohne in einem Haus, das rollstuhlgerecht ist. Das war eine Art Vorsorgemaßnahme. Sie bedeutet aber auch: Die meisten meiner Nachbarn sind alt. Und das wissen die Betreiber von Versandhauskatalogen. In unserem Flur stapeln sich die Broschüren für Ginkgokapseln, Treppenlifte und Senioren-Telefone.

Alte Menschen sind eine dankbare Zielgruppe für die Werbung. Sie haben ziemlich genau umrissene Probleme: Treppensteigen, Inkontinenz, Einsamkeit, Arthrose, Vergesslichkeit, Gutgläubigkeit – und die Tatsache, dass wir bei wirklich keiner der großen Modeketten etwas finden, das nicht absolut lächerlich an uns aussehen würde. Die Antworten auf unsere Probleme drucken sie als Angebote in Prospekte.

Ich habe mir so einen Katalog aus reinem Forschungsinteresse mal mit in die Wohnung genommen. Denn eine Frage treibt mich um: Wie kommt es dazu, dass viele Männer in meinem Alter Tarnfarben tragen? Also den Ton, den man auch gerne als Rentner-Beige zusammenfasst?

Ich habe ein einziges beiges Outfit. Das ziehe ich nur dann an, wenn ich im Park heimlich Holunderblüten für meinen Hollersirup abknipsen will und dabei nicht den Parkwächtern auffallen möchte.

Warum man beige Klamotten zu einem anderen Anlass anziehen sollte, kann ich nicht nachvollziehen. Aber beim Durchblättern des Kataloges wurde mir klar: Es ist das, was den Senioren angeboten wird. Die Seiten zeigten die breite Palette aus dunkelbeiger Schirmmütze, schlammfarbener Stoffhose und olivgrüner Windjacke. Sogar einen Pyjama in Beige gab es. Und das alles zu Preisen, die früher die teuerste Boutique in meiner Kleinstadt verlangt hätte.

Jetzt weiß ich endlich, aus welcher Quelle all die Klamotten stammen. Und warum manche Senioren eine Tendenz dazu haben, sich diese Sachen zu bestellen, verstehe ich sowieso. Ich bin mir sicher, dass es die gleichen Menschen sind, die früher einen sehr gepflegten Vorgarten hatten und mit ihrem Auto regelmäßig in die Waschstraße gefahren sind. Also Menschen, die ja nicht unangenehm auffallen wollen und deswegen zur Tarnfarbe greifen.

Gefühlt kann man als alter Mensch beim Anziehen nur alles falsch machen. Es gibt gesellschaftlich gesehen keine Hilfestellung, wie man sich würdevoll und stilbewusst im Alter kleiden kann. Klamotten kaufen zu müssen, bringt mich schnell an meine Grenzen. Ich lebe in einer eher kleinen Stadt. Alle Boutiquen, in denen ich früher gern eingekauft habe, sind geschlossen. Sobald ich ein besonders schönes Oberteil für eine Veranstaltung suche, verzweifle ich. Gerade sind die Shirts fast alle kurz und kastig geschnitten. Darin versinke ich.

Aber ganz unabhängig vom Angebot: Es fehlt mir auch an Ideen, wie das mit dem Stil im Alter funktionieren soll. Wenn ich Zeitschriften anschaue, die sich klar an meine Zielgruppe richten (mit Diätrezepten, Königshaus-Gerüchten und Fernsehtipps), sehe ich darin das Idealbild der Oma mit frecher Kurzhaarfrisur, die gern wallend weite Strickjacken über gemusterten Shirts trägt und dazu eine lange, auffallende Kette. Nun ja, das bin ich nicht.

Meine früheren Vorbilder, Frauen, die sich elegant und klassisch kleiden, verschwinden einfach im Alter. Je älter Schauspielerinnen werden, desto unsichtbarer werden sie. Entweder sie laufen überhaupt nicht mehr über die roten Teppiche oder sie werden zu Berufsjugendlichen wie Madonna. Die einzige ältere Frau, die sich richtig gut anzieht, ist Diane Keaton. Ich suche manchmal nach Bildern von ihr im Internet. Wie schön sie durch die Straßen läuft! In klassischen Basics, die immer gut geschnitten sind. Wie ihre Röcke, die die Taille betonen, aber mindestens knielang sind. Und all die tollen Hüte! Ein Traum.

Wenn ich mal richtig viel Zeit haben sollte, drucke ich Bilder von ihr aus und schicke sie ohne Kommentar an die Betreiber der Versandhauskataloge. Gebt uns alten Menschen endlich etwas, womit wir arbeiten können. Und wehe, es ist schlammfarben.

Was ich noch sehen möchte

ÜBER EINE WICHTIGE TO-DO-LISTE

Der Museumswärter öffnet die Tür zu der Ausstellung. Ich gehe in den dunklen Raum. Kirchenmalerei. Bestimmt interessant, aber ich bin aus einem anderen Grund hier. Also laufe ich an den florentinischen Kunstwerken vorbei, sehe all das Gold nur im Augenwinkel leuchten. Auf dem Plan sehe ich, wo die Porträts hängen. Dort sollte das Bild sein. Und dort ist es. Eine italienische Frau im Profil, auf dunkelblauem Grund. Gemalt von Antonio Pollaiuolo. Ich gehe nah an das Bild heran und merke, dass eine Wärterin etwas nervös wird. Also bleibe ich stehen und schaue minutenlang darauf. Dann schließe ich die Augen. Es hat funktioniert, ich habe mir das Bild so gut eingeprägt, dass ich es in meinem Kopf noch vor mir sehe. Ich bin so glücklich.

Wir hatten früher einen Druck des Porträts. Er hing jahrzehntelang in unserem Haus. Jedes Mal, wenn ich die Treppe hochlief, sah ich die Dame. Aber bei einem Umzug wurde der Druck leider zerstört. Als ich hörte, dass in der Alten Pinakothek die Werke florentinischer Maler gezeigt werden, wusste ich, dass es meine Chance sein könnte, das Bild zu sehen. Meine letzte Chance.

Ich habe eine Netzhautkrankheit, die in meinem Fall nicht mehr geheilt werden kann. Ein Loch in meiner Netzhaut, leider erblich. Mein Vater hatte es und war am Ende seines Lebens blind. Meine Schwester hat es ebenso und ist auf einem Auge blind. Ich habe das Glück, noch nicht absolut blind zu sein. Aber viel Sehkraft ist nicht mehr übrig. Ich kann seit Jahren nicht mehr gut sehen und, sollte ich sehr lange leben, ist es klar, dass ich eines Tages blind sein werde. Meine Augen werden zwar nur langsam schlechter, das ist mein großes Glück, aber dafür kontinuierlich. Schon jetzt sehe ich in der Ferne fast nichts. Und eine Brille hilft nur in der Nähe. Wenn ich etwas lesen möchte, muss ich zusätzlich eine Lupe benutzen.

Ich fürchte, die Sache mit meinen Augen tut meinem Ruf nicht gut. Denn wenn ich durch die Stadt laufe, erkenne ich die Menschen nicht mehr und grüße sie nicht. Die Köpfe sind beige Flecken, bis sie ein paar wenige Meter von mir entfernt sind. Nur enge Freunde erkenne ich am Gang oder an ihrer Jackenfarbe.

Ich habe gesundheitlich großes Glück, finde ich. Ich kann mich ohne Schmerzen bewegen. Nur das mit den Augen macht mir Angst. Denn wenn ich eines Tages nicht mehr sehen kann, bedeutet es auch, dass ich nicht mehr selbstständig leben kann. Dass meine Augen mich entmündigen werden. Ich habe es bei meinem Vater und bei meiner älteren Schwester ja erlebt. Aber so düster der Gedanke an die Zukunft ist, so bin ich wenigstens dankbar dafür, dass ich weiß, was auf mich zukommt. Und ich mich so gut, wie es eben geht, auf die Situation vorbereiten kann.

Ich liebe Bücher, aber sie zu lesen, ist zu einer Qual für mich geworden. Zeile für Zeile muss ich mich mit der Lupe vorarbeiten. Also bin ich mit Hilfe meiner Tochter auf einen E-Reader umgestiegen. Dort kann ich die Größe der Buchstaben einstellen. Momentan sind sie so groß wie meine Fingerkuppen. Außerdem habe ich mir ein iPhone gekauft und mir von meinen Enkeln Unterricht geben lassen. Jetzt weiß ich, wie ich auf WhatsApp Sprachnachrichten verschicken und abspielen kann, falls ich eines Tages die Textnachrichten nicht mehr lesen kann.

Wenn es einem gut geht, denkt man über die Gesundheit nicht nach. Was für ein Glück es ist, frei durch die Nase atmen zu können, wurde mir immer erst bewusst, wenn ich erkältet war. Und so geht es mir jetzt auch mit dem Sehen. Seit meine Augen immer schlechter werden, realisiere ich, was für ein riesiges Glück ich hatte, meine Welt so lange scharf zu sehen. Dass ich meine Wohnung so gut kenne und mich in ihr zurechtfinde. Dass ich die Gesichter meiner Kinder und Enkel vor meinem inneren Auge habe, dass ich weiß, wie Laub im Herbst leuchtet und wie satt das Grün einer Wiese im Sommer ist.

Während andere Menschen Pläne schmieden, was sie erleben möchten, geht es bei mir viel eher darum, was ich noch sehen möchte. Ich bin süchtig geworden nach Farben. Also hat mir meine Enkelin versprochen, dass wir im Frühjahr zusammen in die Niederlande fahren, zur Tulpenblüte. Wir werden durch die pinkfarbenen, gelben und roten Felder laufen, und ich werde es machen wie bei dem Porträt in der Alten Pinakothek: den Anblick auf mich wirken lassen und dann die Augen schließen.

Selbst wenn meine Welt einmal schwarz sein sollte – in meinem Kopf werden all die Farben weiterleuchten.

Meine Rippen halten das aus

ÜBER ZÄRTLICHKEITEN IM ALTER

Vor kurzem wartete ich an der Bushaltestelle neben einem jungen Paar. Die beiden standen sich gegenüber. Immer wieder zog der Mann die Frau zu sich heran, um ihr einen Kuss auf die Lippen zu drücken. Dazu der Blick, nur in die Augen des anderen. Und ich stand da mit meinem Einkaufstrolley.

Ich kann mich eigentlich gut für andere Menschen freuen, und Liebe zu sehen, ist immer etwas Schönes. Trotzdem fühlte sich nach dieser Begegnung der Rest des Tages komisch an. Denn mir wurde klar, wie lange es her ist, dass mich ein Mann so sehnsüchtig angeschaut hat. So sehnsüchtig, dass mir bewusst ist, dass ich die Welt für ihn bin. Dass er mich begehrt.

Ich habe seit mehr als zwei Jahrzehnten keinen Sex mehr gehabt. Mein Mann ist seit sechs Jahren tot und hatte schon lange vorher wegen seiner Alzheimererkrankung kein Bedürfnis mehr nach körperlicher Nähe. Ich bin mir sicher, dass ich mich mit diesem Zeitraum sogar noch einigermaßen glücklich schätzen kann. Viele Menschen in meinem Alter müssen vermutlich schon länger auf Sex verzichten, weil dieser Teil ihrer Ehe schon früher eingeschlafen ist als bei Ulli und mir.

Aber ich weiß sehr genau, was ich verpasse. Ich kann mich ja an alles noch genau erinnern. An die Blicke, das Begehren, das Flirren, das Kribbeln, die Vorfreude, später dann die Ekstase.

Es fehlt mir. Das einzig Dankbare an der Situation ist, dass sich meine Hormone nicht mehr so häufig zu Wort melden. Ich fühle mich viel seltener erregt als früher.

Natürlich könnte ich nach einem Sexpartner in meinem Alter suchen. Aber es gibt etwas, das mich abschreckt. Die Männer meiner Generation waren – im Allgemeinen – im Bett nicht so weit wie Männer heute. Wir stammen ja aus einer Zeit, die viel prüder war, und Sex war ein Tabu. Selbst mit Freundinnen unterhielt ich mich kaum darüber und mit Männern schon gar nicht. Wer intim wurde, knipste vorher das Licht aus. Außerdem ging es vor allem darum, ob die Sache befriedigend für den Mann war. Denn über weibliche Lust wurde kaum gesprochen. Ich hatte das große Glück, dass mein Mann anders war. Ihm war es sehr wichtig, dass ich beim Sex genauso auf meine Kosten kam. Damit war er aber kein Regelfall – und ich habe nicht unbedingt Lust darauf, andere Männer aus meiner Generation dahingehend zu testen.

Viel mehr als den eigentlichen Sex vermisse ich etwas anderes. Das Davor und Danach. Von einem Mann intensiv angesehen zu werden. Das Gefühl, wenn dir jemand über die Beine und den Bauch streichelt und du spürst, wie groß sein Verlangen nach dir ist. Und umarmt zu werden, ganz fest.

All das existiert für die meisten Frauen in meinem Alter nicht mehr, weil unsere Welt so auf jugendliche Schönheit ausgerichtet ist, dass ich mich seit einigen Jahrzehnten wie unsichtbar fühle. Hinzu kommt, dass auch ganz alltägliche Zärtlichkeiten abnehmen. Seit ich alt bin, werde ich nicht mehr so fest umarmt. Die Leute formen eher einen Kasten um meinen Oberkörper, statt mich richtig zu drücken – vermutlich aus Angst, eine meiner porösen Rippen zu zerbrechen.

Ich brauche niemanden an meiner Seite, der im Bett Akrobatik mit mir macht. Aber jemanden zu haben, der vor dem Einschlafen einen Arm um mich legt und mir eine gute Nacht wünscht – das wäre schön.

Was ich in meinem Leben gelernt habe

ÜBER MEINE WICHTIGSTEN ERKENNTNISSE

Ich habe mir als junge Frau über viele Sachen den Kopf zerbrochen. Ob ich mich richtig verhalte und richtig entscheide. Ob ich es schaffen werden würde, bis ins Alter glücklich zu bleiben. Ob die Liebe zu meinem Mann bleiben wird oder ob sie uns mit den Jahren, wie Erich Kästner es so treffend formuliert hat, abhanden kommt »wie andern Leuten ein Stock oder Hut«.

Wenn ich jetzt an mein Leben zurückdenke, merke ich, dass die Sorgen unbegründet waren. Natürlich habe ich in meinem Leben einige Fehler gemacht. Aber das ist nicht schlimm. Denn im Rückblick merke ich, dass diese Entscheidungen nicht schwer wiegen. Dass es genauso viele große und kleine Momente gab, die mein Leben glücklich gemacht haben. Und dass ich mir vieles davon selbst verdanke, weil ich gelernt habe, auf meine Wünsche zu hören.

Ich bezweifle, dass alte Menschen generell weise sind. Es gibt auch jetzt viele Situationen, in denen ich mich gern reifer und klüger verhalte würde. Aber auf Wunsch meiner Enkelin habe ich mir überlegt, was ich in all den Jahrzehnten, die ich auf dieser Erde bin, über das gute Leben gelernt habe. Was die Essenz meines Glücks ist – und was ich meinem jüngeren Ich gern gesagt hätte.

Hier meine fünf Erkenntnisse:

Ich habe früher oft nicht den Moment genossen, sondern darüber nachgedacht, was danach kommen könnte. Ich fasse es als Konjunktiv-Gedanken zusammen. Statt an einem Abend mit Freunden einfach das Gespräch zu genießen und die Wärme, die das Glas Wein in meinen Körper strömen ließ, dachte ich darüber nach, ob ich wegen des Weines am nächsten Tag müde sein oder ob die Straße glatt sein könnte, wenn ich später nach Hause laufen muss. Aber dieses Vorausdenken bringt nichts. Es sorgt dafür, dass die Schönheit des Augenblicks verfliegt und die Zeit insgesamt noch viel schneller vergeht. Ich habe mit den Jahren gelernt, gegen diese Konjunktiv-Gedanken anzuarbeiten und die schönen Momente auszukosten. Und ich werde immer besser darin: Als ich im vergangenen Jahr an die Nordsee fuhr, dachte ich auf der Hinfahrt noch viel darüber nach, ob es das letzte Mal sein würde, dass ich die Nordsee sehe. Aber als ich dann am Strand stand, hatte ich keine Lust mehr, diesen Gedanken Raum zu geben. Ich konzentrierte mich darauf, wie sich der Sand an meinen Füßen anfühlte, kühl und rau. Wie das Wasser der Wellen rauschte. Und ab und zu eine Möwe kreischte. Selbst wenn es das letzte Mal war, dass ich an der

Nordsee war, wäre das in Ordnung. Weil ich den Moment gelebt habe.

In der Liebe gibt es eine einfache Regel, die ich an mir selbst und in meinem Umfeld immer wieder bestätigt sah: Es kommt bei einem Partner nicht darauf an, wie vermeintlich attraktiv er ist. Sondern darauf, dass er mit Wärme aufs Leben blickt. Dass er den Humor, der im Alltag steckt, sieht und mit dir darüber lachen kann. Und dass er Momente erkennt, in denen es dir nicht gut geht und du eine Umarmung brauchst.

Es gibt immer wieder Dinge, die mir Angst gemacht haben, aber ich leide nicht mehr darunter. Angst ist nicht per se ein schlechtes Gefühl. Wer sich auf das Leben einlässt, kann nicht ohne Angst leben. Oft war das Gefühl nur ein Zeichen, dass mir Menschen wichtig waren und ich sie nicht verlieren wollte. Wenn ich Angst spüre, versuche ich also nicht mehr, sie wegzuschieben, sondern das Gefühl einzuordnen. Ich denke mir: »Natürlich spürst du Angst. Weil du liebst.«

Ich habe mir zu viel unnötigen Stress mit dem Haushalt gemacht. Wenn uns früher meine Schwiegereltern besuchten, fasste ich das immer als »Haushaltsinspektion 1a« zusammen. Ich war mir sicher, dass sie noch unsere Bilderrahmen mit dem Finger auf Staub überprüften, und wollte nicht, dass sie auch nur ein einziges Körnchen fanden, das sie mir vorwerfen konnten. Aber heute denke ich mir: Hätte das irgendeine Aussage über mich gehabt? Machen mich Staubkörner zu einem schlechteren Menschen? Ganz sicher nicht. Wenn mich Menschen wegen solcher Oberflächlichkeiten einstufen wollen: bitte schön. Ich mache mir wegen so etwas keinen Kopf mehr und will mir selbst nicht mehr so viel Arbeit bereiten. Wenn ich zum Abendessen einlade, lasse ich Tischdecken weg – ich habe keine Lust, sie danach zu waschen und zu bügeln. Die Maserung von Tischplatten ist sowieso viel schöner.

Überhaupt habe ich gelernt, nachsichtiger mit mir umzugehen. Lange Zeit konnte ich das nur meinen Freunden und meiner Familie gegenüber. Ich habe ihnen die großen und kleinen Fehler ganz selbstverständlich verziehen. Mir selbst hingegen habe ich Unzulänglichkeiten vehement vorgeworfen, mich mit den Gedanken gequält, warum ich mich in der einen oder in der anderen Situation nicht anders verhalten hatte. Aber jetzt im Alter, nach all den Jahren, habe ich mich endlich mit mir selbst angefreundet. Ich habe akzeptiert, dass ich wie alle anderen Menschen nicht perfekt bin, aber dass ich deswegen meinen Charakter nicht abschleifen muss, bis ich mich wie ein Knigge-Buch auf zwei Beinen verhalte. Ich darf scheitern. Ich darf Fehler machen. Ich darf mich trotzdem mögen. Und ich will und werde mir die Fehler verzeihen.

Soll mich doch der Teufel holen

ÜBER DAS LEBEN NACH DEM TOD

Als Kind musste ich einmal in der Woche zur Beichte. Das war ungemein gut für meine Kreativität. Schließlich musste ich mir alle sieben Tage etwas ausdenken, das ich dem Priester erzählen konnte. Es war ein kleines Kunstwerk: Es musste schlimm genug sein, dass es gerade so als Sünde durchging, aber harmlos genug, dass ich nicht zu viele Rosenkränze beten musste.

Das einzige Problem war, dass ich in dem Alter eigentlich noch keine Vorstellung hatte, was eine Sünde denn sein soll. Ich war bei meiner Erstkommunion gerade acht Jahre alt und fing an, den Unterschied zwischen gut und böse zu verstehen. Beim Essen gerade sitzen: gut. Eine Scheibe Kuchen aus der Speisekammer klauen: böse. Also erzählte ich dem Priester im Beichtstuhl häufig Geschichten von gemopstem Schokokuchen.

Es gibt einige Dinge, die ich an der katholischen Kirche nicht mag. Die Vorstellung vom Menschen als Sünder, der sich ein reines Gewissen erflehen muss zum Beispiel. Das widerspricht allem, was ich aus dem Neuen Testament herauslese. Meiner Meinung nach steht da nämlich nur etwas von grenzenloser Liebe und Vergebung.

Es gibt ja momentan Bewegungen in der Kirche, sie in diese Richtung zu ändern. Aber in meiner Kindheit hat es die Kirche noch geschafft, mir gehörige Angst einzujagen. In der Leichenhalle auf dem Dorffriedhof war ein Wandgemälde mit dem jüngsten Gericht. Darauf waren Särge zu sehen, aus denen Leichen krochen. Die eine Hälfte strebte einem alten Mann auf einer Wolke entgegen, die andere Hälfte stand in Flammen und krümmte sich vor Schmerzen. Himmel oder Hölle. Sah nach einer 50:50-Chance aus. Dieses Bild brannte sich in meinem Kopf ein, ich hatte immer ein latent schlechtes Gewissen. Nimmt mir Gott das mit dem Schokokuchen vielleicht doch übel?

Ich bin so froh, dass ich diese Angst abschütteln konnte. Ich glaube nicht mehr an ein Leben nach dem Tod. Ich glaube nicht an die Auferstehung des Fleisches und dass Petrus einmal als Türsteher des Himmels entscheiden wird, ob ich rein darf oder nicht.

Mal angenommen, mein Mann säße auf einer Wolke mit einem Glas Weißwein in der Hand. Wie groß soll dieser flauschige Himmel denn bitte sein, dass alle verstorbenen Ehemänner, alle lieben Hauskatzen und treuen Familienhunde dort unterkommen?

Religion ist meiner Meinung nach der Versuch, etwas Unvorstellbares vorstellbar zu machen. Wie sollen Menschen sonst den Gedanken ertragen, dass ihr Leben mit einem Schlag endet? Wir Menschen tun so klug und wissen so wenig. Wir haben nicht mal einen winzigen Ausschnitt des Universums verstanden. Und vielleicht gibt es ja diesen göttlichen Funken im Menschen, den man Seele nennen kann und der Menschen dazu bringt, ihre rohe Selbstsucht abzuschütteln und andere zu lieben. Und vielleicht ist diese Seele unsterblich und springt nach dem Tod einfach in den nächsten Schmetterling oder in eine dieser wunderschönen schwarzen Krähen, die bei mir im Garten sitzen.

Ich glaube hingegen, dass Menschen aufhören zu existieren, wenn sie ihren letzten Atemzug tun. Aber das ist nichts, was mir Angst macht. Ich bin wie ein Gänseblümchen auf der Wiese. Irgendwann rupft mich jemand heraus, ich weiß nicht, wann. Aber im nächsten Sommer werden wieder Gänseblümchen blühen. Die Schönheit des Lebens ist nicht kleinzukriegen.

Aus meiner Sterblichkeit leite ich nur eine Konsequenz ab: Wenn ich schon nur einen kurzen Augenblick auf dieser Erde bin, dann soll das auch ein verdammt guter sein. Ich muss keine Angst haben, ich muss nicht über Sünden nachdenken, ich muss einfach nur leben und diesen winzigen Ausschnitt, den ich in der Zeitspanne der Geschichte habe, auskosten. Ich will lachen, trinken und meine Kinder und Enkel mit so viel Liebe überschütten, dass sie, wenn sie an mich denken, immer ein warmes Gefühl haben werden. Das ist die einzige Form von Unsterblichkeit, die ich anstrebe.